BURGER REVOLUTION

Jonathan Häde

BURGER REVOLUTION

vegetarisch / vegan

EMF

EIN BUCH DER
EDITION MICHAEL FISCHER

INHALT

SALATE

SAUCEN & DIPS

GETRÄNKE

VORWORT

Burger machen, das heißt mit Leidenschaft und besten Zutaten kochen, sich Zeit nehmen, genießen und oft auch das Kalorienzählen vergessen.

Bei Burgern gibt es keine Begrenzung in Sachen Vielfalt und Kombinationen. Die komplette kulinarische Bandbreite eines Landes mit einem Biss erfahren – das geht nur bei Burgern. Deshalb werden sie übrigens auch mit der Hand gegessen, damit sich alle Geschmacksrichtungen auf einmal im Mund ausbreiten.

Achtet beim Einkauf immer auf hochwertige Zutaten, möglichst in Bio-Qualität, denn neben dem guten Geschmack und leeren Tellern bleibt einfach ein beruhigendes Gefühl, wenn man genau weiß, was man gegessen hat. Damit beim Kochen nichts schiefgehen kann, findet ihr zu Beginn der Rezepte wertvolle Tipps sowie Hinweise zum Rezeptaufbau.

Ich wünsche euch viel Spaß beim gemeinsamen Kochen, Ausprobieren und Essen.

Und denkt immer daran, Burger sind heute kein Fastfood mehr, sondern Slowfood – genießt es!

Jonathan Häde

KÜCHENHELFER

Bevor es losgeht, solltet ihr einen Blick auf eure Küchenutensilien werfen. Um Burger zu brutzeln, braucht ihr keine Hightech-Ausrüstung, aber wenn beim Frittieren das Thermometer oder beim Abwiegen eine Waage fehlt, kann schnell Frust aufkommen. Hier eine Zusammenfassung der wichtigsten Küchenhelfer.

Pfannen und Töpfe
Mindestens eine beschichtete Pfanne sowie eine Grillpfanne gehören zur Grundausstattung. Töpfe sollten in verschiedenen Größen von etwa 1–5 Litern vorhanden sein.

Messer
Zur Grundausstattung gehört ein großes Kochmesser, ein Brotmesser mit Wellenschliff und ein kleines Obstmesser. Die Messer sollten regelmäßig nachgeschärft werden.

Schneidebrett
Je größer, desto besser. Kleiner Tipp: Legt für einen sicheren Halt ein feuchtes Tuch unter das Brett.

Pfannenwender
Zum Wenden der Patties benötigt ihr einen möglichst flachen Pfannenwender.

Mixer
Ein Mixer ist eine echte Erleichterung beim Zerkleinern von Gemüse und Co. Alternativ, aber sehr mühsam, funktioniert das Zerkleinern auch mit einer Reibe.

Handrührgerät/Küchenmaschine
Einen Teig kann man auch problemlos mit der Hand kneten, bei häufigerer Zubereitung von Teigen lohnt sich aber die Anschaffung eines Handrührgerätes oder einer Küchenmaschine.

Messbecher/Küchenwaage
Zum genauen Dosieren braucht ihr eine grammgenaue Küchenwaage sowie einen Messbecher mit möglichst feinen Abstufungen.

Schüsseln
Modelle aus Edelstahl sind leicht zu reinigen, lange haltbar und hygienisch.

Siebe
Ein großes Durchschlagsieb zum Salat waschen und ein sehr feines zum Abseihen von Flüssigkeiten.

Mörser
Für Pesto, feine Pasten und gemahlene Gewürze braucht ihr einen Mörser, am besten aus Granit. Ausreichend große Modelle wiegen gut und gerne bis zu 5 kg.

Gewürzmühlen
Gewürze, insbesondere Pfeffer, sollten immer frisch in einer guten Mühle gemahlen werden. Bereits gemahlene Gewürze verlieren sehr schnell an Aroma und Würzkraft.

Weitere wichtige Küchenhelfer
Auflaufform, Backpinsel, Dosenöffner, Kartoffelstampfer, Kochlöffel, Korkenzieher, Küchenthermometer, Nudelholz, Schaumkelle, Schneebesen, Sparschäler, Topflappen und Vierkantreibe

ZUTATEN

Die meisten Zutaten für die Rezepte in diesem Buch bekommt ihr in gut sortierten Supermärkten. Um dem jeweiligen landestypischen Geschmack der Burger gerecht zu werden, habe ich bei einigen Rezepten auf spezielle Lebensmittel zurückgegriffen. Nehmt den Weg zum nächsten Biomarkt oder Asialaden in Kauf, euer Gaumen wird es euch danken, wenn ihr die Zutaten nicht einfach weglasst oder ersetzt.

IM SUPERMARKT

Agavendicksaft ist ein Süßungsmittel, das aus der Agave, einer Pflanze aus Mittelamerika, gewonnen wird. Es süßt etwa 1, 2-mal so stark wie Haushaltszucker. Ich verwende ihn gerne, da er naturbelassen ist, ihr könnt ihn aber auch durch normalen Zucker ersetzen.

Halloumi ist ein halbfester Käse, der in vielen Ländern des Mittelmeerraumes sehr beliebt ist. Er eignet sich aufgrund seiner Konsistenz bestens zum Grillen.

Quinoa gehört zu den Pseudogetreiden und stammt aus Südamerika. Quinoa hat viele Mineralien und ist zudem glutenfrei.

IM ASIALADEN

Panko ist das japanische Pendant zu unseren Semmelbröseln. Es gibt Gerichten wie den Onion Rings (S. 56) eine Extraportion Crunch.

Nori ist ein Überbegriff für über 30 verschiedene Algenarten. Die Algen werden zu getrockneten Blättern verarbeitet und sind vor allem durch ihre Verwendung im Sushi bekannt.

Kochbananen sind nicht mit den uns bekannten Bananen zu verwechseln. Sie haben eine grüne bis schwarze Schale und schmecken nur, nachdem sie gegart wurden.

Pak Choi ist eine milde Kohlart mit einer leicht herb-bitteren Note. Da er hitzeempfindlich ist, sollte er nur kurz gedünstet werden. Es sind sowohl die weißen als auch die grünen Blattteile essbar.

Gochugaru sind koreanische Chiliflocken und für die Zubereitung von Kimchi (S. 104) unverzichtbar.

Wakame-Algen sind bei uns nur in getrockneter Form erhältlich. In Wasser aufgeweicht, vergrößern sie ihr Volumen und verbreiten ihren seeartigen Duft.

Misopaste ist eine würzige Sojabohnenpaste aus Japan. Je dunkler die Misopaste, desto kräftiger ihr Aroma.

IM BIOMARKT

Tempeh ist ein fermentiertes Produkt aus Sojabohnen. Es ist eine gute Proteinquelle und harmoniert durch seinen geringen Eigengeschmack mit fast jeder Würze.

Kokosöl ist ein Pflanzenöl, das aus der Frucht der Kokospalme gewonnen wird. Es reguliert den Blutfettspiegel und wirkt antimikrobiell. Durch seine Hitzebeständigkeit ist es gut zum Anbraten geeignet.

BUNS

BUNS GRUNDWISSEN

Ein gut gemachter Bun – also das Burgerbrötchen – ist mindestens genauso wichtig wie der Rest des Burgers, daher solltet ihr der Versuchung widerstehen, fertige Buns aus dem Supermarkt zu kaufen. Hier erfahrt ihr, worauf es bei der Verarbeitung ankommt.

FACHBEGRIFFE

Rundwirken
Nach dem Portionieren wird der Teig zu einer Kugel geformt. Um die Oberfläche schön glatt zu bekommen, zieht ihr den Teig vom oberen Rand auf die Unterseite und drückt ihn dort fest. Den Teig dabei drehen und von jeder Seite glatt ziehen, bis eine gleichmäßige Oberfläche entstanden ist.

Schwaden
Das Backen mit Wasserdampf heißt Schwaden und ist ein wichtiger Schritt für eine knackige Kruste. Eine Tasse kochendes Wasser wird direkt zu Beginn der Backzeit auf den Ofenboden gegeben. Nach einigen Minuten sowie kurz vor Ende der Garzeit wird der Dampf abgelassen.

TIPPS

Rezeptmenge
Alle Rezepte für die Buns sind für eine Menge von 9 Stück, also einem ganzen Backblech ausgelegt. Da das Backen ein wenig aufwendiger ist, lohnt es sich die Reste einzufrieren.

Buns abwiegen/Gewicht
Das ideale Gewicht für Buns liegt zwischen 80 und 100 Gramm, Ciabattas können auch etwas mehr wiegen. Wenn ihr Mini-Burger herstellen möchtet, könnt ihr die doppelte Menge Buns aus den Rezepten backen.

Einfrieren/Auftauen
Frische Buns lassen sich sehr gut einfrieren und sind dann schnell verfügbar, wenn sie benötigt werden. Ihr könnt sie bei 130°C Umluft (150°C Ober- und Unterhitze) für etwa 17 Minuten im Ofen aufbacken.

Hefe
Die ideale Temperatur für Hefe liegt bei 32–37°C (Badewassertemperatur). Hefe sollte nicht über 45°C erhitzt werden, da die Hefekulturen dann anfangen abzusterben. Damit der Teig optimal aufgeht, empfiehlt es sich, den Backofen für etwa eine Minute auf 200°C anzuschalten und den Teig in einem geschlossenen Behälter in den Ofen zu geben.

Veganer Ei-Ersatz
Einfach 1 EL Sojamehl mit 2 EL Wasser mischen, um ein Ei zu ersetzen.

Eine krosse Kruste
Ihr solltet die Buns vor dem Belegen immer anrösten, am besten in einer Grillpfanne. Ihr erhaltet dadurch nicht nur leckere Röstaromen, sondern verhindert auch, dass sich der Bun mit Flüssigkeit vollsaugt und weich wird. Wenn ihr mögt, könnt ihr den Bun vorher mit etwas weicher Butter einstreichen.

Softe Buns
Wenn ihr eure Buns besonders soft bevorzugt, empfehle ich euch, sie direkt nach der Backzeit unter einem Küchentuch abkühlen zu lassen. Der austretende Dampf macht die Hülle besonders weich.

CLASSIC BUNS

 9 Buns    30 Min.    vegan

VEGETARISCH
1 Hefewürfel à 42 g,
zimmerwarm
250 ml Wasser, warm
500 g Mehl, Type 550
2 Eier
30 g Butter, flüssig
1 EL Agavendicksaft
2 TL Salz
3 EL Milch
Sesam, geröstet

VEGAN
1 Hefewürfel à 42 g,
zimmerwarm
275 ml Wasser, warm +
2 EL Wasser
500 g Mehl, Type 550
1 EL Sojamehl
30 g Sojabutter, flüssig
1 EL Agavendicksaft
2 TL Salz
3 EL Kokosmilch
Sesam, geröstet

***30 Min. Zubereitung
+ 2 Std. Ruhezeit
+ 16 Min. Garzeit***

Außen knusprig, innen soft – die Classic Buns passen zu fast jedem Burger. Übrigens steht die vegane Variante der vegetarischen in Sachen Geschmack und Aussehen in nichts nach – probiert es aus!

ZUBEREITUNG
Die zimmerwarme Hefe in das Wasser bröseln und zusammen mit 60 g des Mehls in einer großen Schüssel klumpenfrei verrühren.
Für 15 Minuten ruhen lassen.

Zusammen mit 1 Ei (für die vegane Variante 1 EL Sojamehl in 2 EL Wasser verrühren) und den restlichen Zutaten, bis auf Milch und Sesam, mithilfe eines Handrührgerätes mit Knethaken oder von Hand etwa 10 Minuten lang verkneten. Der Teig sollte leicht klebrig sein, aber nicht an den Fingern haften bleiben – wenn nötig noch etwas Mehl hinzufügen. Den Teig abgedeckt für 45–60 Minuten an einem warmen Ort ruhen lassen.

Den Teig auf eine leicht bemehlte Arbeitsfläche geben und in 9 Portionen à etwa 85 g aufteilen. Den Teig rundwirken und mit einem Nudelholz fingerdick ausrollen. Auf einem mit Backpapier ausgelegten Backblech verteilen und mit Backpapier abgedeckt für weitere 60 Minuten an einem warmen Ort ruhen lassen. Den Backofen auf 180°C Umluft (200°C Ober- und Unterhitze) vorheizen.

Für die Glasur 3 EL Milch mit einem Ei (vegetarische Variante) vermischen und die Buns nach dem Ruhen sanft damit einpinseln. Für die vegane Variante nur mit der Kokosmilch einpinseln. Dann mit Sesam bestreuen.

Die Buns für etwa 16 Minuten auf der mittleren Schiene backen, bis sie eine goldbraune Farbe angenommen haben.

VARIANTE
Anstelle des Sesams kann man zum Beispiel auch Chiasamen oder Mohn auf die Burger streuen.

VOLLKORN-BUNS

 9 Buns    30 Min.    vegan

VEGETARISCH
1 Hefewürfel à 42 g,
zimmerwarm
250 ml Wasser, warm
275 g Mehl, Type 550
225 g Vollkornmehl
2 Eier
50 g Butter, flüssig
1 EL Agavendicksaft
2 TL Salz
3 EL Milch
4 EL Haferflocken

VEGAN
1 Hefewürfel à 42 g,
zimmerwarm
275 ml Wasser, warm +
2 EL Wasser
275 g Mehl, Type 550
225 g Vollkornmehl
1 EL Sojamehl
50 g Sojabutter, flüssig
1 EL Agavendicksaft
2 TL Salz
3 EL Kokosmilch
4 EL Haferflocken

**30 Min. Zubereitung
+ etwa 2 Std. Ruhezeit
+ 16 Min. Garzeit**

Wenn es etwas vollwertiger sein soll, gehört Vollkornmehl in die Buns. Ganz ohne Weißmehl geht es aber auch nicht, es lässt die Buns besser aufgehen und sorgt für eine fluffigere Struktur.

ZUBEREITUNG
Die zimmerwarme Hefe in das Wasser bröseln und zusammen mit 50 g des Mehls, Type 550, mithilfe eines Schneebesens in einer großen Schüssel auf- lösen. Für 15 Minuten ruhen lassen.

Zusammen mit 1 Ei (für die vegane Variante 1 EL Sojamehl in 2 EL Wasser verrühren) und den restlichen Zutaten, bis auf Milch und Haferflocken, mit- hilfe eines Handrührgerätes mit Knethaken oder von Hand etwa 10 Minuten lang verkneten. Der Teig sollte leicht klebrig sein, aber nicht an den Fingern haften bleiben – wenn nötig noch etwas Mehl hinzufügen. Den Teig abge- deckt für 45–60 Minuten an einem warmen Ort ruhen lassen.

Den Teig auf eine leicht bemehlte Arbeitsfläche geben und in 9 Portionen à etwa 85 g aufteilen. Den Teig rundwirken und mit einem Nudelholz finger- dick ausrollen. Auf einem mit Backpapier ausgelegten Backblech verteilen und mit Backpapier abgedeckt für weitere 45–60 Minuten an einem warmen Ort ruhen lassen. Den Backofen auf 190°C Umluft (210°C Ober- und Unter- hitze) vorheizen.

Für die Glasur 3 EL Milch mit einem Ei (vegetarische Variante) vermischen und die Buns nach dem Ruhen sanft damit einpinseln. Für die vegane Varian- te nur mit der Kokosmilch einpinseln. Dann mit Haferflocken bestreuen.

Die Buns für etwa 16 Minuten auf der mittleren Schiene backen, bis sie eine goldbraune Farbe angenommen haben.

POTATO BUNS

 9 Buns  30 Min.  vegan

ZUTATEN
400 g Kartoffeln
20 g frische Hefe,
zimmerwarm
1 TL Salz
150 g Dinkelmehl,
Type 630
200 g Mehl, Type 550

OPTIONAL
20 g Kümmel oder
40 g getrocknete
Zwiebeln

**30 Min. Zubereitung
+ 65 Min. Ruhezeit
+ 30–40 Min. Garzeit**

Die Potato Buns passen mit ihrem kräftigen Geschmack perfekt zu rustikalen Burgern. Wenn du ein Brotfreund bist und mal Abwechslung zu den soften Buns brauchst, wirst du von der knackigen Kruste begeistert sein.

ZUBEREITUNG
Die Kartoffeln schälen, würfeln und in Salzwasser weich garen. 50 ml des Kochwassers aufheben, den Rest abgießen. Das Kochwasser etwa 10 Minuten auf etwa 32–37°C abkühlen lassen, mit der zimmerwarmen Hefe mischen und 5 Minuten ruhen lassen.

Die Kartoffeln zerstampfen und zusammen mit dem Hefewasser, Salz und den beiden Mehlsorten mithilfe eines Handrührgerätes mit Knethaken vermengen. Der Teig ist anfangs sehr krümelig, verbindet sich aber nach etwa 10 Minuten kneten; wenn nötig vorsichtig mit etwas Wasser nacharbeiten. Für etwa 30 Minuten an einem warmen Ort ruhen lassen.

Den Teig auf eine leicht bemehlte Arbeitsfläche geben und in 9 Portionen à etwa 85 g aufteilen. Den Teig rundwirken und mit der Unterseite nach oben auf ein mit Backpapier ausgelegtes Backblech geben. Die Oberfläche darf ruhig Falten haben, damit eine rissige Kruste entsteht. Den Teig noch etwas mit den Fingern nach oben zupfen, um den Buns mehr Struktur zu geben. Die Buns mit Backpapier abgedeckt für weitere 30 Minuten an einem warmen Ort ruhen lassen.

Den Backofen auf 180°C Umluft (200°C Ober- und Unterhitze) vorheizen.

Die Buns in den Backofen geben, mit einer halben Tasse kochendem Wasser schwaden und direkt die Ofentür schließen. Für 30–40 Minuten auf der mittleren Schiene backen, bis sie eine dunkelbraune Farbe und eine knackige Kruste bekommen haben. 10 Minuten vor Ende der Garzeit durch kurzes Öffnen der Ofentür den Wasserdampf ablassen.

VARIANTE
Zu kräftigen Burgern passt es sehr gut, noch Kümmel oder getrocknete Zwiebeln in den Teig einzuarbeiten.

CIABATTA BUNS

 9 Buns    45 Min.    vegan

ZUTATEN

15 g frische Hefe
350 ml Wasser + 6 EL
Wasser, lauwarm
700 g Mehl, Type 550
2 EL Olivenöl, plus
etwas zusätzlich zum
Bestreichen
15 g Salz

**45 Min. Zubereitung
+ 16 Std. Ruhezeit
+ 30–35 Min. Garzeit**

Dieses Ciabatta-Rezept ist traditionell italienisch – deswegen ist es mit den vielen Ruhezeiten etwas aufwendiger als die anderen Rezepte. Belohnt wird das Ganze mit einer knackigen Kruste und einem großporigen Teig.

ZUBEREITUNG

Für den Vorteig 5 g frische Hefe in 250 ml lauwarmes Wasser bröseln und in einer großen Schüssel klumpenfrei verrühren. Für 10 Minuten ruhen lassen.

350 g Mehl unterrühren und mit einem feuchten Küchentuch abgedeckt für 12 Stunden an einem warmen Ort ruhen lassen.

Nach der Ruhezeit für den Hauptteig 10 g Hefe in 6 EL lauwarmem Wasser auflösen und für 10 Minuten ruhen lassen. Mit 100 ml lauwarmen Wasser, Öl, Salz und 350 g Mehl gut verkneten. Den Teig in eine frische Schüssel geben und leicht mit Olivenöl bestreichen. Abgedeckt für 90 Minuten an einem warmen Ort gehen lassen.

Den Teig auf eine leicht bemehlte Arbeitsfläche geben, in 9 Portionen à etwa 120 g aufteilen und vorsichtig rundwirken, ohne die Luft herauszudrücken. Auf einem mit leicht bemehlten Backpapier ausgelegten Backblech verteilen und mit Backpapier abgedeckt für weitere 2 Stunden an einem warmen Ort gehen lassen.

Den Backofen auf 200°C Umluft (220°C Ober- und Unterhitze) vorheizen.

Die Buns in den Backofen geben, mit 1 Tasse kochendem Wasser schwaden und sofort die Ofentür schließen. Für 30–35 Minuten auf der mittleren Schiene backen. Nach 10 Minuten durch kurzes Öffnen der Ofentür den Wasserdampf ablassen. 5 Minuten vor dem Ende der Garzeit erneut den Wasserdampf ablassen.

Die Ciabatta Buns auf einem Gitter auskühlen lassen und möglichst frisch servieren.

SCOTTISH BAPS

 *9 Buns*    *20 Min.*

ZUTATEN

1 Hefewürfel à 42 g,
zimmerwarm
165 ml Milch, warm,
plus etwas zusätzlich
zum Einstreichen
500 g Mehl, Type 550,
plus etwas zusätzlich
zum Bestäuben
165 ml Wasser, warm
2 TL Salz

***20 Min. Zubereitung
+ 2 Std. Ruhezeit
+ 12–15 Min. Garzeit***

Die Scottish Baps, auch als Morning Rolls bekannt, sind fester Bestandteil eines schottischen Frühstücks. Sie passen perfekt zu dem Scottish Breakfast Burger (S. 42).

ZUBEREITUNG

Die zimmerwarme Hefe in eine Schüssel bröseln und mit der Milch klumpenfrei verrühren. Für etwa 15 Minuten ruhen lassen. Das Mehl in eine große Schüssel geben, Hefemilch, Wasser und das Salz hinzufügen und für etwa 5 Minuten zu einen Teig kneten.

Die Schüssel mit einem feuchten Küchentuch abdecken und den Teig für 60 Minuten ruhen lassen. Den Teig auf eine leicht bemehlte Arbeitsfläche geben und in 9 Portionen à etwa 90 g aufteilen.

Den Teig rundwirken und mit einem Nudelholz ausrollen. Auf einem mit Backpapier ausgelegten Backblech verteilen und mit Backpapier abgedeckt für weitere 45 Minuten ruhen lassen. Den Backofen auf 180°C Umluft (200°C Ober- und Unterhitze) vorheizen.

Die Buns mit etwas Milch einstreichen und mithilfe eines feinen Siebs mit Mehl bestäuben.

Die Buns 12–15 Minuten auf der mittleren Schiene backen.

BRIOCHE BUNS

 9 Buns  30 Min.  vegan

VEGETARISCH
100 ml Milch
100 ml Wasser
90 g Rohrohrzucker
20 g frische Hefe, zimmerwarm
500 g Mehl, Type 550
2 Prisen Salz
80 g Butter, weich
2 Eier
3 EL Milch

VEGAN
125 ml Sojamilch
100 ml + 2 EL Wasser
90 g Rohrohrzucker
20 g frische Hefe, zimmerwarm
500 g Mehl, Type 550
1 EL Sojamehl
2 Prisen Salz
80 g Sojabutter, weich
4 EL Sojamilch

30 Min. Zubereitung
+ 2–3 Std. Ruhezeit
+ 15 Min. Garzeit

Die Brioche Buns sind wie ein buttrig-fluffiges Bett aus süßem Teig. Für süße Burger wie den Christmas Time (S. 90) sollte dieses Rezept eure erste Wahl sein. Übrig gebliebene Buns kann man am nächsten Morgen auch sehr gut zum Frühstück genießen.

ZUBEREITUNG
Die Milch und das Wasser auf 32–37°C erwärmen, den Zucker darin auflösen. Die Hefe in der Mischung auflösen und 15 Minuten ruhen lassen.

In der Zwischenzeit das Mehl mit dem Salz vermengen und die weiche Butter in kleinen Stücken dazugeben. Alles verkneten, bis das Mehl leicht krümelig wird. Ein Ei mit einem Schneebesen schaumig aufschlagen und zum Mehl geben (vegetarische Variante). Für die vegane Variante das Sojamehl in 2 EL lauwarmem Wasser verrühren und zum Teig geben.

Die Hefemilch zum Mehl geben und kräftig kneten, bis der Teig leicht seidig glänzt und glatt ist. Den Teig für 60 Minuten abgedeckt an einem warmen Ort ruhen lassen.

Den Teig in 9 Portionen à etwa 100 g aufteilen und rundwirken. Auf einem mit Backpapier ausgelegten Backblech verteilen und abgedeckt weitere 60 Minuten an einem warmen Ort ruhen lassen.

Den Backofen auf 180°C Umluft (200°C Ober- und Unterhitze) vorheizen und eine mit Wasser gefüllte feuerfeste Form mit in den Backofen geben. Für die Glasur 3 EL Milch mit einem Ei (vegetarische Variante) vermischen und die Buns nach dem Ruhen sachte damit einpinseln. Für die vegane Variante nur mit der Sojamilch einpinseln.

Die Buns für etwa 15 Minuten auf der mittleren Schiene backen, bis sie eine goldbraune Farbe angenommen haben.

MEIN TIPP
Mit der halben Menge an Zucker passt der Brioche Bun auch bestens zu herzhaften Burgerrezepten.

BURGER  VEGETARISCH

BURGER GRUNDWISSEN

Der Patty, auf gut Deutsch Bratling, ist das Herzstück eures Burgers. Neben hochwertigen Zutaten kommt es auf die richtige Konsistenz, Größe und Zubereitung an.

Burgermenü – Das perfekte Timing

Wie ihr vielleicht schon gesehen habt, sind zu 100 % selbstgemachte Burger alles andere als Fastfood. Verschafft euch zuerst einen genauen Überblick über alle Gar-, Ruhe- und Zubereitungszeiten. Die Zubereitungszeit findet ihr in einem Icon am Anfang des Rezepts. Falls zu dieser zusätzlich Ruhe- und Garzeiten hinzukommen, in denen nicht weiter am Rezept gearbeitet werden kann, sind sie am Ende noch einmal aufgeführt. Oftmals könnt ihr euch während der Wartezeiten auch den Beilagen oder Getränken widmen. So lässt sich am Schluss gemeinsam mit Freunden ein perfektes Burgermenü genießen.

Patty-Formen/Gewicht

Das ideale Gewicht für einen vegetarischen Patty liegt zwischen 80 und 100 Gramm, sind die Patties größer, zerfallen sie beim Wenden schneller. Damit das Rezept grammgenau aufgeht, ist es am einfachsten, die gesamte Pattymasse zu wiegen und dann durch die gewünschte Patty-Anzahl zu teilen. Zum Formen solltet ihr eure Hände immer leicht anfeuchten. Eine Burgerpresse ist für vegetarische Burger eher weniger geeignet und außer für die Zubereitung des NYC Ramenburgers (S. 40) ein verzichtbares Extra.

Konsistenz

Je nach Wassergehalt der Zutaten kann die Konsistenz der Pattymasse variieren. Sollte die Masse zu trocken sein, könnt ihr etwas neutrales Öl oder bei vegetarischen Burgern Eiweiß hinzugeben. Ist die Masse zu feucht, helfen Mehl, zerkleinerte Haferflocken, Panko oder Semmelbrösel. Bevor ihr die Masse bearbeitet, sollte sie möglichst stark abgekühlt sein. Die Zutaten halten so besser zusammen.

Welches Öl zum Braten geeignet ist

Öle zum Braten sollten einen Rauchpunkt von über 160 °C aufweisen. Dazu gehören hitzestabile raffinierte Öle wie etwa Raps-, Sonnenblumen- und Erdnussöl. Bei den kaltgepressten (nativen) Ölen sind Kokos-, Oliven- und Sesamöl gut zum Anbraten geeignet.

Zubereitung auf dem Grill

Nicht jeder Patty eignet sich für die Zubereitung auf dem Grill, da pflanzliche Patties oft etwas schlechter zusammenhalten. Burger aus Kidneybohnen, wie der Texas-Burger (S. 74) oder Smoked BBQ Burger (S. 48) sowie Burger mit einem festen Pattie wie der Portobello-Burger (S. 88) oder Grilled Halloumi (S. 34), gelingen aber garantiert immer auch auf einem Grill.

Patties einfrieren/auftauen

Um Patties einzufrieren, ist es am besten, sie einzeln anzufrosten und, wenn sie außen schon gefroren sind, zusammen in einem geeigneten Behälter einzufrieren. Zum Anbraten können sie gefroren in die Pfanne gegeben und gebraten werden, bis sie außen knusprig sind. Dann für etwa 15 Minuten bei 160 °C Umluft (180 °C Ober- und Unterhitze) in den Backofen geben.

LITTLE ITALY

Polenta-Auberginen-Patty / Tomaten-Relish / Büffelmozzarella / Rucola

 6 Burger   45 Min.

PATTY
75 g Polenta
300 ml Gemüsebrühe
1 ½ rote Zwiebeln
2 Knoblauchzehen
1 Aubergine (350 g)
Olivenöl
50 g Parmesan
3 TL Oregano
2 TL Thymian, gehackt
6 EL Semmelbrösel
Salz, Pfeffer

BUN
Ciabatta (S. 22)

SAUCE
Tomaten-Relish
(S. 116)

BELAG
50 g Pinienkerne
2 Handvoll Rucola
150 g Büffelmozzarella
1 Knoblauchzehe

Die besten Spezialitäten und Zutaten Italiens haben in diesem Burger ein Zuhause gefunden. Knuspriges Ciabatta, Büffelmozzarella, Rucola und Pinienkerne vereint zu einem Geschmackserlebnis, wie man es nur aus Italien kennt.

ZUBEREITUNG
Für die Patties die Polenta in der Gemüsebrühe für 5–10 Minuten bei geringer Hitze köcheln lassen. Gelegentlich umrühren und aufpassen, dass nichts anbrennt.

Die Zwiebeln und den Knoblauch schälen, fein würfeln und beiseitestellen. Die Aubergine fein würfeln und mit etwas Olivenöl in einer Pfanne anbraten. Kurz vor Ende der Garzeit die Zwiebeln und den Knoblauch hinzugeben. Den Parmesan reiben und zusammen mit der Polenta und den Gewürzen in einen Mixer geben. So vermengen, dass es noch leicht stückig ist. Zur besseren Bindung die Semmelbrösel hinzufügen, mit Salz und Pfeffer abschmecken. Die Masse für mindestens 15 Minuten in den Kühlschrank geben.

Für den Belag die Pinienkerne trocken in einer Pfanne anrösten. Den Rucola waschen und den Büffelmozzarella in Scheiben schneiden.

Die Hände anfeuchten, Patties formen und bei mittlerer Hitze in Olivenöl knusprig anbraten.

Die Ciabattas teilen, in einer Grillpfanne anrösten und mit einer zerteilten Knoblauchzehe abreiben. Rucola und je einen Patty auf den Unterhälften platzieren und mit dem Tomaten-Relish, Büffelmozzarella sowie Pinienkernen belegen. Die Oberhälften auflegen und direkt servieren.

DAZU PASST
Ein italienischer Panzanella-Salat (S. 97) oder Polenta-Sticks (S. 62).

GRILLED HALLOUMI

Halloumi-Grillkäse / Zaziki / Feigen-Oliven-Relish / Grillgemüse

 6 Burger   45 Min.

PATTY
6 Scheiben Halloumi-
Grillkäse (Kräuter)

BUN
Classic (S. 16)

SAUCEN
Zaziki (S. 118)
Feigen-Oliven-Relish
(S. 116)

BELAG
1 ½ Paprikaschoten
1 große Aubergine
Olivenöl
Salz, Pfeffer
1 Handvoll Thymian

Halloumi ist ein Käse aus dem arabischen Raum, der dort weit verbreitet ist und zum Beispiel zum Frühstück gegessen wird. Zusammen mit Grillgemüse, Zaziki und einem Feigen-Oliven-Relish wird daraus ein Burger, der sich perfekt als vegetarische Alternative für einen Grillabend anbietet.

ZUBEREITUNG
Für den Belag die Paprikas waschen, vierteln, entkernen und bei 250°C Umluft (270°C Ober- und Unterhitze) im Ofen grillen, bis sie schwarze Blasen werfen. In einem geschlossenen Behälter kurz ausdampfen lassen, dann die Haut abziehen. Die Aubergine waschen, in 0,5 cm dicke Scheiben schneiden und zusammen mit der Paprikas in etwas Olivenöl einlegen.

Das Gemüse mit Salz und Pfeffer würzen und auf einer Grillpfanne anbraten, bis es weich und angeröstet ist. Den Halloumi mit Olivenöl bestreichen und ebenfalls in einer Grillpfanne anbraten, bis sich Grillstreifen gebildet haben.

Die Buns teilen, in einer Grillpfanne anrösten und mit dem Zaziki bestreichen. Auberginen, Halloumi sowie Paprikas auflegen. Das Ganze mit dem Feigen-Oliven-Relish bestreichen und mit frischem Thymian garnieren. Die Oberhälften auflegen und direkt servieren.

DAZU PASST
Eine sommerliche Erdbeer-Limonade (S. 126) und der Sommersalat (S. 98).

CANNELLINI-BURGER

Weiße-Bohnen-Fenchel-Patty / Pesto Rosso / Rucola

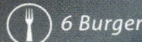 6 Burger  45 Min.

PATTY
30 g Quinoa
100 ml Wasser
300 g (Abtropfgewicht)
Cannellini oder weiße
Bohnen aus der Dose
1 rote Zwiebel
Olivenöl
1 Knoblauchzehe
100 g Fenchel
6 Scheiben getrockne-
te Tomaten (in Öl)
1 Ei
5 EL Semmelbrösel
1 Handvoll Petersilie
je 1 TL Fenchelsamen,
Kreuzkümmel, Oregano
Salz, Pfeffer

BUN
Ciabatta (S. 22)

SAUCE
Pesto Rosso (S. 120)

BELAG
2 Handvoll Rucola
1 kleine Fenchelknolle
250 g Kirschtomaten
100 g Parmesan
Zitronensaft

**45 Min. Zubereitung
+ 30 Min. Abkühlzeit**

Italienische Cannellini sind weiße Bohnen, die einen leicht nussigen Geschmack haben. Als überall erhältliche Alternative schmecken auch die herkömmlichen weißen Bohnen aus der Dose sehr gut.

ZUBEREITUNG

Für die Patties das Quinoa in 100 ml Wasser für 10–15 Minuten bei geringer Hitze köcheln lassen, gelegentlich umrühren und aufpassen, dass nichts anbrennt. Falls noch Wasser übrig ist, kurz unter Rühren aufkochen lassen. Die Bohnen durch ein Sieb abgießen und gründlich mit Wasser abspülen.

Die Zwiebel schälen, fein würfeln und in etwas Olivenöl anschwitzen. Den Knoblauch schälen, fein hacken und kurz mit anbraten. Den Fenchel waschen und hacken. Die getrockneten Tomaten klein schneiden.

Alle Zutaten mit zwei Drittel der Bohnen in den Mixer geben und zu einer homogenen Masse vermixen. Mit Salz, Pfeffer sowie den Gewürzen abschmecken. Die restlichen Bohnen unterheben und die Masse für mindestens 30 Minuten in den Kühlschrank stellen.

Für den Belag das Gemüse waschen. Den Fenchel und den Parmesan in Späne hobeln, das Fenchelgrün fein hacken und die Tomaten halbieren.

Die Hände anfeuchten, Patties formen und in etwas Öl bei mittlerer Hitze knusprig anbraten.

Die Ciabattas teilen, in einer Grillpfanne anrösten und mit dem Pesto bestreichen. Rucola sowie je einen Patty auflegen und mit Fenchelspänen, Fenchelgrün, Parmesan, Tomaten und etwas Zitronensaft garnieren. Die Oberhälften auflegen und direkt servieren.

DAZU PASSEN
Knusprige Polenta-Sticks (S. 62).

DICKER KUBANER

Schwarze-Bohnen-Patty / Mango-Chili-Chutney / Kochbananen-Chips

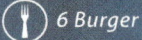 6 Burger    45 Min.

PATTY
200 g schwarze Bohnen
4 Lorbeerblätter
50 g Basmatireis
Salz
1 rote Zwiebel
2 Knoblauchzehen
1 Ei
4 EL Kapern
1 TL Kreuzkümmel
1 TL Paprikapulver,
rosenscharf
5 EL Semmelbrösel

BUN
Classic (S. 16)

SAUCEN
Mayonnaise (S. 110)
Mango-Chili-Chutney
(S. 116)

BELAG
1 große Kochbanane
Kokosöl
6 Scheiben Cheddar
2 Tomaten
6 Blätter Salat

45 Min. Zubereitung
+ 2,5–3 Std. Garzeit

Die kubanische Küche ist deftig und kombinierfreudig zugleich, Bohnen und Reis gehören zu den Grundnahrungsmitteln. Die Kochbananen bekommt ihr in asiatischen oder afrikanischen Lebensmittelgeschäften, sie sind sehr stärkehaltig und müssen vor dem Verzehr gegart werden.

ZUBEREITUNG
Die Bohnen waschen, verlesen und für 2 ½ Stunden in reichlich Wasser in einem großen Topf zusammen mit den Lorbeerblättern kochen. Den Reis waschen und nach Anleitung kochen.

Das Bohnenwasser abgießen, die Lorbeerblätter entfernen, die Bohnen salzen und etwas abkühlen lassen.

Mit einer Gabel oder einem Kartoffelstampfer die Bohnen zerdrücken. Die Zwiebel schälen, fein würfeln und in etwas Öl anschwitzen. Den Knoblauch schälen, hacken und dazugeben. Die Bohnen mit Zwiebeln, Knoblauch, Reis, Ei und Kapern vermengen. Mit den Gewürzen abschmecken und mit Semmelbröseln binden. Die Masse für mindestens 15 Minuten in den Kühlschrank stellen.

Für den Belag die Kochbanane schälen, in dünne Chips schneiden und bei mittlerer Hitze in einer Pfanne mit reichlich Kokosöl knusprig frittieren.

Die Hände anfeuchten, Patties formen und in etwas Öl bei mittlerer Hitze knusprig anbraten. Nach dem Wenden je eine Scheibe Cheddar auf die Patties legen und anschmelzen lassen.

Die Buns teilen, in einer Grillpfanne anrösten und mit der Mayonnaise bestreichen. Die Tomaten waschen und in Scheiben schneiden. Salat, Tomaten und Patty platzieren, mit dem Mango-Chili-Chutney bestreichen und mit den Kochbananen-Chips belegen. Die Oberhälften auflegen und direkt servieren.

NYC RAMENBURGER

Knuspriger Ramen-Bun / Tofu-Teriyaki-Patty / Sesam-Mayo / Korean Kimchi

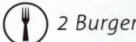 2 Burger   45 Min.

PATTY
50 g Champignons
1 kleine Zwiebel
Pflanzenöl
200 g frischer Tofu, fest
50 g Panko-Mehl
1 Ei
1 EL Teriyaki-Sauce
Chilipulver
Salz, Pfeffer

RAMEN-BUN
150 g Ramen oder Mie-Nudeln
1 Ei

SAUCE
Sesam-Mayo (S. 110)

BELAG
Korean Kimchi (S. 104)
2 Scheiben Cheddar

**45 Min. Zubereitung
+ 40 Min. Abkühlzeit**

New York hat mit seiner Einwohnervielfalt einen beachtlichen Mix an kulinarischen Schätzen zu bieten. Da ist es nicht verwunderlich, dass ein Ramenburger dort viele Liebhaber findet. Der Schwierigkeitsgrad und Aufwand ist hier höher als bei den anderen Rezepten, aber ich verspreche euch, es lohnt sich!

ZUBEREITUNG
Mindestens 2 Tage vorher das Korean Kimchi (S. 104) zubereiten.

Für den Ramen-Bun die Nudeln nach Packungsanweisung kochen, das Wasser abgießen und die Nudeln für 10 Minuten abkühlen lassen. Das Ei zugeben und gut vermengen.

Eine Burgerpresse mit Frischhaltefolie auslegen und 80 g der Nudeln für etwa 1 Minute zusammenpressen. Pro Burger werden zwei Ramen-Buns benötigt. Die in Folie eingewickelten Nudeln dann unter Druck für mindestens 30 Minuten ins Tiefkühlfach legen.

Für die Patties die Pilze putzen und fein hacken. Die Zwiebel schälen, ebenfalls fein hacken und zusammen mit den Pilzen in Öl anbraten. Den Tofu zwischen den Händen zerreiben und kurz mit anbraten. Die Masse etwas abkühlen lassen, mit den restlichen Zutaten vermengen und mit den Gewürzen abschmecken.

Die Ramen-Buns bei mittlerer Hitze in etwas Öl knusprig anbraten, nur einmal vorsichtig wenden. Die Hände anfeuchten, Patties formen und ebenfalls bei mittlerer Hitze anbraten. Patties und Ramen-Buns auf einem Küchentuch abtropfen lassen.

Pro Burger zwei Ramen-Buns mit der Sesam-Mayo bestreichen und mit dem Korean Kimchi, je einem Patty und Cheddar belegen.

MEIN TIPP
Wer keine Burgerpresse hat, nimmt einfach zwei kleine Schälchen mit ebenem Boden zum Formen der Ramen-Buns.

SCOTTISH BREAKFAST

Potato-Scones / Baked Beans / Scottish Bap

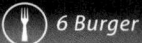 6 Burger    45 Min.

PATTY
500 g Kartoffeln, festkochend
2 EL Butter, weich
50 g Mehl
Salz
Pflanzenöl

BUN
Scottish Bap (S. 24)

SAUCE
Ketchup (S. 112)
oder Mayonnaise
(S. 110)

BELAG
3 braune Champignons
2 Tomaten
Salz, Pfeffer
2 EL Butter
6 Eier
200 g gebackene
Bohnen aus der Dose

*45 Min. Zubereitung
+ 20 Min. Abkühlzeit*

Ein schottisches Frühstück ist weder grazil noch ansehnlich – aber es schmeckt und macht richtig satt. Wenn ihr euch an diesen Burger herantraut, dann muss es ja auch nicht gleich zum Frühstück sein.

ZUBEREITUNG
Für die Potato Scones die Kartoffeln schälen, würfeln und in Salzwasser weich garen. Mit der Butter vermengen und zu einem Kartoffelbrei stampfen. (Bitte nicht im Mixer zerkleinern, die Masse wird sonst zu klebrig).

Den Kartoffelbrei für etwa 20 Minuten abkühlen lassen, mit dem Mehl und 1 TL Salz vermengen und zu einem Teig verarbeiten. Sollte der Teig noch zu klebrig sein, zusätzlich etwas Mehl hinzugeben. Aus dem Teig 6 Potato-Scones mit einem Gewicht von je etwa 80 g formen. Den Teig mit einem Nudelholz flach ausrollen und in einer Pfanne mit ausreichend Öl ausbacken.

Für den Belag die Champignons und Tomaten putzen/waschen, in Scheiben schneiden und in einer Grillpfanne anbraten. Mit Salz und Pfeffer würzen. Die Butter in eine Pfanne geben und die Eier bei mittlerer Hitze zu Spiegeleiern braten, dann salzen und pfeffern. Die Bohnen in einem Topf erwärmen.

Die Scottish Baps teilen, in einer Grillpfanne anrösten und mit Ketchup oder Mayonnaise bestreichen. Mit Tomatenscheiben, Potato Scones, Spiegeleiern, Bohnen und Pilzen belegen. Die Oberhälften auflegen und direkt servieren.

INFO
Den Teig für die Potato Scones solltet ihr immer frisch verarbeiten, da sich im Kühlschrank gelagert die Konsistenz verändert.

PILZ-MARONEN-BURGER

Pilz-Maronen-Pastinaken-Patty / Rotwein-Pfeffer-Sauce / Gerösteter Rosmarin

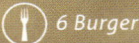 6 Burger 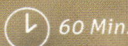 60 Min.

PATTY
3 Schalotten
1 Knoblauchzehe
50 g Butter
200 g Maronen, gekocht
200 g braune Champignons oder Steinpilze
Pflanzenöl
100 g Pastinaken
1 Handvoll Petersilienblätter
2 TL Kräuter der Provence
Salz, Pfeffer
2 EL Semmelbrösel

BUN
Potato (S. 20)

SAUCE
1–2 EL bunter Pfeffer
2 EL Butter
4 Schalotten
250 ml Rotwein
300 ml Gemüsebrühe
400 ml Sahne

BELAG
3 Zweige Rosmarin
Butter
300 g Feta
250 g Kirschtomaten

Wenn die Tage kürzer werden, ist es Zeit für etwas herzerwärmendes! Die kräftig würzige Sauce und das leicht nussige Aroma von Maronen und Pilzen machen diesen Burger zu einem besonderen herbstlichen Geschmackserlebnis.

ZUBEREITUNG
Für die Sauce die Pfefferkörner mit einem Mörser zerstoßen. Die Butter in einer Pfanne bei mittlerer Hitze aufschäumen lassen und die Pfefferkörner andünsten. Die Schalotten schälen, fein würfeln und dazugeben. Wenn die Schalotten glasig sind, den Rotwein angießen und einköcheln lassen (etwa bis zu einem Drittel). Dann die Gemüsebrühe dazugeben und wieder stark einköcheln lassen. Die Sahne zugießen und bis zur gewünschten Konsistenz köcheln lassen.

Für die Patties Schalotten und Knoblauch schälen, fein hacken, in Butter glasig andünsten und entnehmen. Maronen und Pilze putzen, grob hacken und in etwas Öl für 5–10 Minuten anbraten. Die Masse etwas abkühlen lassen und mit der geschälten Pastinake, den Schalotten, dem Knoblauch und der Petersilie kurz in den Mixer geben. Mit den Gewürzen abschmecken und mit Semmelbröseln binden. Für den Belag den Rosmarin in reichlich Butter knusprig anrösten. Die Kirschtomaten waschen und vierteln.

Die Hände anfeuchten, Patties formen und bei mittlerer Hitze in etwas Öl knusprig anbraten.

Die Buns teilen, in einer Grillpfanne anrösten und mit der Sauce bestreichen. Je einen Patty auflegen und mit zerbröseltem Feta, Kirschtomaten sowie dem Rosmarin garnieren. Die Oberhälften auflegen und direkt servieren.

DAZU PASST
Ein guter Rotwein und knusprige Schwarzwurzeln (S. 58).

HOKKAIDO-BURGER

Hokaido-Patty / Salbeipesto / Mimolette-Käse / Feldsalat

 6 Burger    60 Min.

PATTY
600 g Hokkaido-Kürbis
1 EL Sonnenblumenöl
1 EL Salz
Pfeffer
Muskatnuss
3 Handvoll Pekannüsse
1 TL Salbeipesto (S. 120)
5 EL Semmelbrösel

BUN
Classic (S. 16)

SAUCE
3 TL Salbeipesto
(S. 120)
250 g Naturjoghurt

BELAG
2 Handvoll Feldsalat
250 g Kirschtomaten
100 g Mimolette-Käse

**60 Min. Zubereitung
+ 30 Min. Abkühlzeit**

Dieser Burger kommt nussig-herzhaft daher und ist genau das Richtige, um die Kürbis-Saison einzuläuten. Der Mimolette-Käse ist eine französische Spezialität, die man in gut sortierten Käsetheken findet.

ZUBEREITUNG
Den Backofen auf 180°C Umluft (200°C Ober- und Unterhitze) vorheizen. Den Kürbis halbieren, entkernen und in Spalten schneiden. In einer Schüssel mit Sonnenblumenöl, Salz und etwas Pfeffer sowie geriebener Muskatnuss vermengen. Zusammen mit den Nüssen auf ein Backblech geben und für etwa 25 Minuten im Ofen garen.

Die Kürbisspalten und Nüsse aus dem Ofen nehmen. ⅔ der Nüsse für den Belag beiseitestellen. Den Kürbis und die Nüsse im Mixer zerkleinern und auskühlen lassen. Das Pesto und die Semmelbrösel unterheben und die Masse für mindestens 30 Minuten in den Kühlschrank stellen.

Währenddessen für den Belag den Feldsalat waschen und trocknen. Die Kirschtomaten waschen und vierteln. Für die Sauce 3 TL Salbeipesto mit dem Naturjoghurt vermengen.

Die Hände anfeuchten, Patties formen und bei mittlerer Hitze in etwas Öl knusprig anbraten.

Die Buns teilen, in einer Grillpfanne anrösten und mit der Sauce bestreichen. Den Feldsalat sowie je einen Patty auflegen. Den Käse hobeln und zusammen mit den Nüssen und Kirschtomaten auf den Patty setzen. Die Oberhälften auflegen und direkt servieren.

MEIN TIPP
Der Mimolette-Käse kann auch durch italienischen Pecorino ersetzt werden. Pekannüsse sind geschmacklich vergleichbar mit Walnüssen, haben allerdings einen weniger dominanten Geschmack.

SMOKED BBQ BURGER

Kidneybohnen-Reis-Patty / BBQ-Sauce / Raucharoma

 6 Burger   40 Min.

PATTY
70 g Basmatireis
2 Möhren
350 g Kidneybohnen
aus der Dose (Abtropf-
gewicht)
1 Schalotte
1 Knoblauchzehe
Pflanzenöl
1 El Mehl
1 TL geräuchertes
Paprikapulver, edelsüß
½ TL Kreuzkümmel
1 Chilischote
Salz, Pfeffer

BUN
Classic (S. 16)

SAUCE
BBQ-Sauce (S. 114)

BELAG
2 weiße Zwiebeln
6 Essiggurken
3 Tomaten
6 Scheiben Cheddar
6 Blätter Salat

Wer Geräuchertes mag, wird diesen Burger lieben. Eine BBQ-Sauce mit Liquid Smoke und ein Kidneybohnen-Reis-Patty sorgen für den richtigen Geschmack. Wer dem Ganzen noch die Krone aufsetzen möchte, räuchert den Burger vor dem Servieren zusätzlich mit Räucherchips ein.

ZUBEREITUNG
Für die Patties den Reis nach Packungsanweisung kochen. Währenddessen die Möhren schälen und fein raspeln, bzw. im Mixer zerkleinern. Die Kidneybohnen in ein Sieb abgießen und mit Wasser abspülen.

Die Bohnen mit einem Kartoffelstampfer zerdrücken, etwa ein Drittel ganz lassen. Die Schalotte und den Knoblauch schälen, fein hacken, in einer Pfanne in Öl anschwitzen und zusammen mit Möhren, Reis und den restlichen Zutaten unter die Bohnenmasse heben. Mit den Gewürzen abschmecken. Für den Belag die Zwiebeln schälen und mit den Gurken fein würfeln. Die Tomaten waschen und in Scheiben schneiden.

Die Hände anfeuchten, Patties formen und bei mittlerer Hitze in etwas Öl knusprig anbraten. Nach dem Wenden je eine Scheibe Cheddar auf die Patties legen und anschmelzen lassen.

Die Buns teilen, in einer Grillpfanne anrösten und mit der warmen BBQ-Sauce bestreichen. Den Salat, die Tomaten sowie je einen Patty platzieren und mit den Zwiebeln und Essiggurken garnieren. Die Oberhälften auflegen und direkt servieren.

MEIN TIPP
Direkt vor dem Servieren einige Hickoryholz-Chips mit einem Flambierer entfachen und den Burger unter einer Glasglocke räuchern. Sofort servieren, damit er knusprig bleibt.

VARIANTE
Anstelle des Salats und der Gurken könnt ihr den Burger auch mit Coleslaw (S. 101) belegen.

BEILAGEN

THYMIAN-FRITTEN
SWEET POTATO FRIES
ONION RINGS
SCHWARZWURZELN
OFENGEMÜSE
POLENTA-STICKS
SWEET POTATO WEDGES

THYMIAN-FRITTEN

 *6 Port.*    *20 Min.*    *vegan*

ZUTATEN
1 kg Kartoffeln,
mehligkochend
2 l Frittieröl
5 Zweige Thymian
feines Meersalz

20 Min. Zubereitung
+ 15–25 Min. Ruhezeit
+ 7–30 Min. Garzeit

Wunderbar dicke und knusprige Fritten mit einem leichten Thymian-Geschmack. Wer auf sein Hüftgold achten muss, kann die Fritten auch im Backofen zubereiten.

ZUBEREITUNG
Die Kartoffeln schälen, in gleich große Stifte schneiden und die Stärke mit frischem Wasser abspülen. Mit einem Küchentuch sorgfältig abreiben.

Für mindestens 15 Minuten auf einem Küchentuch trocknen lassen.

IN DER FRITTEUSE
Die Fritten im 180°C heißen Fett der Fritteuse für 2–3 Minuten vorfrittieren, bis sie etwas Farbe angenommen haben. Gut abtropfen und mindestens 10 Minuten auskühlen lassen. Dann bei 180°C 5–6 Minuten, je nach Größe, fertig frittieren. In eine Schüssel mit dem Thymian geben und zusammen mit etwas Meersalz durchschwenken.

IM BACKOFEN
Bei 200°C Umluft (220°C Ober- und Unterhitze) für 25–30 Minuten backen, bis die Fritten eine goldgelbe Farbe bekommen, zwischendurch wenden. Nach dem Herausnehmen sofort salzen und mit frischem Thymian bestreuen.

MEIN TIPP
Nehmt eine mehligkochende Sorte, z. B. Bintje, und frittiert nicht zu viele Fritten auf einmal, ansonsten kühlt das Fett stark ab und die Fritten werden zu fettig.

SWEET POTATO FRIES

 6 Port.    30 Min.   Ⓥ vegan

ZUTATEN
3 Süßkartoffeln (1 kg)
2 l Frittieröl
5 El Speisestärke
10 EL Wasser
6 EL Maisgrieß
feines Meersalz

Wer kennt das nicht: Frisch gemachte Pommes werden schon nach wenigen Minuten matschig. Die ultimative Lösung für das Problem heißt Maisgrieß. Er umschließt die Süßkartoffeln wie eine Schutzschicht und lässt die Fritten extra knusprig werden.

ZUBEREITUNG IN DER FRITTEUSE
Die Süßkartoffeln schälen, in gleich große Stifte schneiden und die Stärke mit frischem Wasser abspülen. Mit einem Küchentuch sorgfältig abreiben.

Das Frittierfett in einem großen Topf oder einer Fritteuse auf 190°C erhitzen.

Die Stärke im Wasser auflösen. Die Kartoffelstifte in der Stärkemischung wenden, abtropfen lassen und anschließend mit Maisgrieß panieren.

Portionsweise für 6–7 Minuten goldbraun frittieren. Die Fritten mit einer Schaumkelle aus dem heißen Fett heben und kurz auf einem Teller mit Küchenpapier abtropfen lassen. Direkt in einer Schüssel mit etwas Meersalz schwenken und servieren.

MEIN TIPP
Ohne Fritteuse und Thermometer wird es schwer, die richtige Temperatur zu halten. Um zu prüfen, ob das Öl die richtige Temperatur hat, könnt ihr einen Zahnstocher oder Kochlöffel aus Holz hineinhalten; wenn kleine Blasen entstehen, ist es heiß genug.

ONION RINGS

 *6 Port.*    *30 Min.*    *vegan*

ZUTATEN
2 EL Speisestärke
4 EL Mehl
2 EL Kartoffelbreipulver
Chilipulver, nach Bedarf
Pfeffer
230 ml Wasser
3 große gelbe Zwiebeln
200 g Panko-Mehl
2 l Frittieröl

Knusprige Onion Rings sind wohl das Beste, was man aus Zwiebeln machen kann. Das Geheimnis der Knusprigkeit liegt hier neben dem Panko-Mehl im Kartoffelbreipulver.

ZUBEREITUNG
Die Stärke mit Mehl, Kartoffelbreipulver und Gewürzen mischen. Das Wasser zugeben und mithilfe eines Schneebesens klumpenfrei verrühren. Die Zwiebeln schälen, in 1 cm dicke Scheiben schneiden und die Ringe voneinander lösen.

Das Panko-Mehl in einen tiefen Teller füllen, in einen zweiten die Panade. Die Zwiebelringe erst in der Panade und anschließend im Panko wenden. Nehmt für jeden Behälter eine eigene Gabel, damit sich keine Klumpen bilden.

Das Öl in die Fritteuse oder einen großen Topf füllen und auf 170–180°C erhitzen. Die Ringe mithilfe einer Schaumkelle in eine Fritteuse oder Topf geben und für etwa 3 Minuten frittieren, bis sie eine goldene Farbe angenommen haben. Auf einem Küchentuch abtropfen lassen und direkt servieren.

DAZU PASST
Mayonnaise (S. 110) oder hausgemachter Ketchup (S. 112).

SCHWARZWURZELN

 6 Port.  35 Min.  vegan

ZUTATEN
500 g Schwarzwurzeln
100 g veganes
Schwarzbrot, trocken
(oder altes Brot)
Mehl
scharfer Senf
Pflanzenöl

Schwarzwurzeln waren früher der „Spargel des armen Mannes", heute finden sie leider nur noch selten Verwendung in der deutschen Küche. Mit einer knusprigen Brotpanade passen sie super in die kältere Jahreszeit. Die deutsche Schwarzwurzel-Saison ist von Oktober bis April.

ZUBEREITUNG
Die Schwarzwurzeln schälen (Achtung klebrig, Küchenhandschuhe tragen!), in fingerlange Stücke schneiden und für 15 Minuten in Salzwasser kochen.

Währenddessen das Schwarzbrot im Mixer zu kleinen Bröseln zermahlen und in einen tiefen Teller geben. Das Mehl ebenfalls in einen tiefen Teller geben.

Die Schwarzwurzelstücke zuerst im Mehl wenden, dann mit dem Senf einpinseln und zum Schluss mit Brotkrumen panieren.

Bei 200°C Umluft (220°C Ober- und Unterhitze) für etwa 7 Minuten im Ofen backen oder in einer Pfanne mit etwas Öl knusprig anbraten.

Die Schwarzwurzeln sollten nach der Zubereitung direkt serviert werden, da sie abgekühlt nicht mehr so knusprig sind.

DAZU PASST
Der Pilz-Maronen-Burger (S. 44) und Sour Cream (S. 118).

OFENGEMÜSE

 6 Port. 10 Min. Ⓥ vegan

ZUTATEN
1 Möhre
1 Pastinake
1 Petersilienwurzel
1 Süßkartoffel
1 Kohlrabi
1 Rote Bete
Olivenöl
Salz, Pfeffer
1 Handvoll Petersilien-
blätter
1 Handvoll Koriander-
blätter
3 EL Sesam oder
Chiasamen

**10 Min. Zubereitung
+ 30 Min. Garzeit**

*Mit einem leckeren Dip (S. 118), frischen Kräutern und Samen wird selbst ein-
faches Gemüse unwiderstehlich lecker. Bei dem Gemüse könnt ihr je nach
Verfügbarkeit mit den Mengen und Sorten variieren.*

ZUBEREITUNG
Den Ofen auf 180°C Umluft (200°C Ober- und Unterhitze) vorheizen.

Das Gemüse schälen und in mundgerechte Stücke schneiden. Mit dem Öl
in einer Schüssel vermengen und mit Salz und Pfeffer würzen.

In den Ofen geben und für etwa 30 Minuten garen, nach der Hälfte der Zeit
wenden. In der Zwischenzeit die Kräuter waschen, trockenschütteln und fein
hacken. Das Gemüse aus dem Ofen nehmen und mit den frischen Kräutern
und Sesam oder Chiasamen servieren.

VARIANTE
Auch Kürbis oder Topinambur eignen sich für das Ofengemüse.

POLENTA-STICKS

 6 Port.    20 Min.   **V** vegan

ZUTATEN
1 l Wasser
2 TL Salz
200 g Polenta
3–4 Zweige Rosmarin
2 Knoblauchzehen
10 Scheiben getrock-
nete Tomaten in Öl
Pflanzenöl

**20 Min. Zubereitung
+ 60 Min. Ruhezeit
+ 40–60 Min. Garzeit**

Die Polenta-Sticks bestechen durch ihre knusprig-cremige Konsistenz. Je dünner ihr sie schneidet, desto knuspriger werden sie. Die Garzeit ist ein Richtwert und ändert sich je nach Dicke der Sticks, ihr habt also einen Grund, schon zwischendurch zu probieren, ob sie knusprig genug sind.

ZUBEREITUNG
1 l gesalzenes Wasser zum Kochen bringen. Die Polenta einrühren und bei niedriger Hitze für 5–10 Minuten abgedeckt köcheln lassen, gelegentlich umrühren. In der Zwischenzeit die Rosmarinnadeln von den Zweigen streifen und fein hacken. Den Knoblauch schälen und mit den Tomaten ebenfalls fein hacken. Die Polenta vom Herd nehmen und mit den gehackten Zutaten vermengen.

Ein Backblech mit Backpapier auslegen, die Masse daraufgeben und verteilen. Mit einem Backpapier abdecken und mithilfe eines Schneidebretts die Polentamasse dünn anpressen. Anschließend für mindestens 60 Minuten abkühlen lassen, damit sie sich gut schneiden lässt.

Aus der abgekühlten Masse etwa 0,5 cm dicke Sticks schneiden und in einer Pfanne mit etwas Öl knusprig anbraten oder für 40–60 Minuten bei 200°C Umluft (220°C Ober- und Unterhitze) im Ofen garen, dabei gelegentlich wenden.

DAZU PASST
Der Little Italy (S. 32) oder Cannellini-Burger (S. 36) und ein Dip (S. 118).

SWEET POTATO WEDGES

 6 Port. 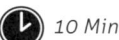 10 Min.  vegan

ZUTATEN
500 g Süßkartoffeln
3 EL Kokosöl
½ TL Kurkuma
½ TL Kreuzkümmel
1 Knoblauchzehe
1 EL geräuchertes
Paprikapulver

**10 Min. Zubereitung
+ 30 Min. Garzeit**

Ursprünglich stammt die Süßkartoffe!, auch Batate genannt, aus Mittel- und Südamerika. Sie hat tatsächlich einen leicht süßlichen Geschmack und ist mit unserer bekannten Kartoffel eigentlich überhaupt nicht verwandt.

ZUBEREITUNG
Den Ofen auf 180°C Umluft (200°C Ober- und Unterhitze) vorheizen.

Die Süßkartoffeln schälen, in Spalten schneiden und in einer Schüssel mit den restlichen Zutaten vermengen.

Auf ein mit Backpapier ausgelegtes Backblech legen und für etwa 30 Minuten im Ofen backen.

DAZU PASST
Der Texas-Burger (S. 74) und ein Dip (S. 118)

BURGER ^{VEGAN}

ROTE ERDE

Rote-Bete-Patty / Meerrettich-Mayo / Sprossen / Apfel

 6 Burger   40 Min.   vegan

PATTY
4 EL Hirse
150 g frische Rote Bete
1 roter Apfel
2 Handvoll Macada-
mianüsse
1 Knoblauchzehe
1 rote Zwiebel
Sonnenblumenöl
4 EL Semmelbrösel
2 EL Meerrettich
Salz, Pfeffer

BUN
Vollkorn (S. 18)

SAUCE
Meerrettich-Mayo
(S. 110)

BELAG
½ Salatgurke
1 roter Apfel
6 Blätter Salat
3 Handvoll frische
Sprossen

Auch wer Rote Bete nicht mag, kann diesen Burger lieben lernen. Die Kombination von gerösteten Nüssen, Apfel, Roter Bete und der Meerrettich-Mayonnaise ist nicht nur lecker, sondern auch gesund.

ZUBEREITUNG
Für die Patties die Hirse in einem feinen Sieb waschen, nach Anleitung kochen und abkühlen lassen. Die Rote Bete und den Apfel schälen, den Apfel entkernen. Beides grob hacken und in einem Mixer zerkleinern. Die Flüssigkeit gut herauspressen. Die Hirse unter die Masse heben.

Die Macadamianüsse hacken und in einer Pfanne ohne zusätzliches Öl anbraten, die Hälfte der Nüsse für den Belag beiseitestellen. Den Knoblauch und die Zwiebel schälen, fein würfeln und in einer Pfanne mit etwas Öl anschwitzen. Anschließend zusammen mit den Nüssen unter die Rote-Bete-Masse heben und mit Semmelbröseln binden, bis alles gut zusammenhält. Mit Meerrettich, Salz und Pfeffer abschmecken.

Für den Belag die Gurke und den Apfel waschen, den Apfel entkernen und beides in Scheiben schneiden. Den Salat waschen und trocknen.

Die Hände anfeuchten, Patties formen und bei mittlerer Hitze in etwas Öl knusprig anbraten.

Die Buns teilen, in einer Grillpfanne anrösten und mit der Mayonnaise bestreichen. Mit dem Salat sowie einigen Apfel- und Gurkenscheiben belegen. Jeweils einen Patty auflegen und diesen mit Mayonnaise bestreichen. Mit frischen Sprossen und gehackten Macadamianüssen verfeinern. Die Oberhälften auflegen und direkt servieren.

MEIN TIPP
Rote Bete färbt ab, tragt deshalb besser Handschuhe! Die frischen Sprossen bekommt ihr in gut sortierten Biomärkten. Ihr könnt sie aber auch selbst auf der Fensterbank ziehen.

VIETNAM-BURGER

Tofu-Zitronengras-Patty / Chili-Limetten-Mayo / Koriander

 6 Burger   40 Min.    vegan

PATTY
500 g frischer Tofu, fest
Salz
4 Stangen Zitronengras
150 ml Erdnuss- oder
Frittieröl

BUN
Classic (S. 16)

SAUCE
Chili-Limetten-Mayo
(S. 110)

BELAG
1 große Möhre
6 Lauchzwiebeln
3 kleine Chilischoten
150 g Mini Pak Choi
2 Handvoll Koriander
12 Blätter Minze

Dieser Burger ist angelehnt an das vietnamesische Bánh Mì. Das sind belegte Baguettes mit leckeren Zutaten wie frittiertem Tofu, Zitronengras, Chilis, knackigem Gemüse und frischen Kräutern. Der Burger ist mein Geheimtipp, wenn ihr auf knackfrische Zutaten steht.

ZUBEREITUNG
Den Tofu in 12 etwa 1 cm dicke Scheiben schneiden. Gut salzen, eine Weile stehen lassen und dann mit Küchenpapier abtupfen. Die harten äußeren Blätter des Zitronengrases entfernen. Die Stangen längs vierteln, mit einem großen Messer flach ausdrücken, anschließend in feine Streifen schneiden. Besonders holzige Stücke sollten entfernt werden.

Das Frittieröl in einer Pfanne oder einem Wok erhitzen und die Tofustücke zusammen mit dem Zitronengras portionsweise mit einer Schaumkelle in das Öl legen (Vorsicht Spritzgefahr!). Die Scheiben leicht in der Pfanne bewegen, damit sie nicht festbacken. Den Tofu knusprig braun frittieren und auf Küchenpapier abtropfen lassen.

Für den Belag das Gemüse putzen, waschen und gegebenenfalls schälen. Die Möhre in feine Streifen schneiden. Die Lauchzwiebeln und die Chilis in Scheiben schneiden. Die Kräuter grob hacken.

Die Buns teilen, in einer Grillpfanne anrösten und mit der Chili-Limetten-Mayo bestreichen. Den Pak Choi auf die untere Hälfte legen und dann pro Burger jeweils 2 Tofuscheiben darauf platzieren. Die Scheiben nochmals mit Mayo bestreichen und mit den restlichen Zutaten belegen.
Die Oberhälften auflegen und direkt servieren.

INFO
Zitronengras und Mini Pak Choi bekommst du in gut sortierten Supermärkten oder im Asialaden.

DAZU PASST
Die Fresh Garden Limonade (S. 130)

HOLY HOLI

Kartoffel-Linsen-Patty / Limetten-Minz-Joghurt / frische Kräuter

 6 Burger  45 Min. (V) vegan

PATTY
350 g Kartoffeln,
festkochend
200 g rote Linsen
Salz
2 Handvoll Koriander-
blätter
1–2 Chilischoten
5 EL Kokosmilch
2–3 TL Garam Masala
Kokosöl

BUN
Classic (S. 16)

SAUCE
20 Blätter Minze
Saft und Abrieb von
1 Bio-Limette
250 ml Sojajoghurt
Salz, Pfeffer

BELAG
½ Salatgurke
250 g Kirschtomaten
Chilipulver, nach Bedarf
1 Handvoll Chilifäden
Abrieb von 1 Bio-Zitrone
2 Handvoll Petersilien-
blätter

*45 Min. Zubereitung
+ 15 Min. Abkühlzeit*

Das indische Frühlingsfest Holi ist weltweit für seine bunten Feiernden bekannt. Passend dazu gibt es für Farbhungrige einen Burger mit einem Kartoffel-Linsen-Patty und einer fantastischen Mischung aus einem kühlen Limetten-Minz-Joghurt und feuriger Chili. Beißt rein und erlebt eine Gaumenexplosion.

ZUBEREITUNG
Für die Patties die Kartoffeln schälen, vierteln und in Salzwasser weichgaren. Die Linsen für etwa 7–10 Minuten in der doppelten Menge gesalzenen Wassers köcheln lassen.

Währenddessen für den Limetten-Minz-Joghurt die Minze fein hacken und zusammen mit dem Limettensaft sowie Limettenabrieb zu dem Joghurt geben. Mit Salz und Pfeffer abschmecken.

Das Wasser der Kartoffeln und Linsen abgießen. Mithilfe eines Kartoffel-stampfers (bitte nicht im Mixer zerkleinern, die Masse wird sonst zu klebrig) zu einer groben Masse vermengen und für mindestens 15 Minuten im Kühl-schrank abkühlen lassen. Den Koriander und die Chilischote fein hacken und untermengen. Die Kokosmilch zugeben und die Masse gut durchkneten. Mit Garam Masala und Salz kräftig abschmecken.

Die Hände anfeuchten, Patties formen und bei mittlerer Hitze in etwas Kokos- oder Sonnenblumenöl knusprig anbraten.

Die Buns teilen, in einer Grillpfanne anrösten und mit dem Limetten-Minz-Joghurt bestreichen. Je nach Geschmack zusätzlich mit etwas Chilipulver bestreuen. Die Gurke in Scheiben schneiden und die Tomaten in Viertel. Beides zusammen mit den Petersilienblättern auf den Buns verteilen, dann jeweils einen Patty auflegen. Noch etwas Limetten-Minz-Joghurt daraufge-ben und mit Chilifäden und Zitronenabrieb abschließen. Die Oberhälften auflegen und direkt servieren.

TEXAS-BURGER

Bohnen-Patty / Guacamole / Tortilla-Chips / Jalapeños / karamellisierte Zwiebeln

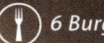 6 Burger 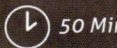 50 Min. 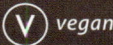 vegan

PATTY
400 g Kidneybohnen
aus der Dose
(Abtropfgewicht)
1 große rote Zwiebel
1 Knoblauchzehe
Pflanzenöl
3 EL Maiskörner
2 EL Mehl
½ TL Kreuzkümmel
½ TL Cayennepfeffer
1 TL Paprikapulver
1 TL Salz

BUN
Vollkorn (S. 18)

SAUCE
Guacamole (S. 118)

BELAG
3 rote Zwiebeln
2 EL Balsamico
2 EL Pflanzenöl
2 EL Agavendicksaft
2 Tomaten
3 Jalapeños
1 Handvoll Petersili-
enblätter
50 g Tortilla-Chips

Allein die Kombination von knusprigen Tortillas mit frischer Guacamole ist schon zum Hineinlegen lecker. Zusammen mit dem Bohnen-Patty, Jalapeños und karamellisierten Zwiebeln wird daraus der perfekte Texas-Burger.

ZUBEREITUNG
Für die karamellisierten Zwiebeln im Belag die Zwiebeln schälen, achteln und „entschichten". In einer Schüssel mit Balsamico, Öl und Agavendicksaft vermengen und auf ein Backblech geben. Für 35–45 Minuten bei 160°C Umluft (180°C Ober- und Unterhitze) auf der mittleren Schiene backen, nach der Hälfte der Zeit wenden.

Die Kidneybohnen in ein Sieb abgießen und mit Wasser abspülen. Die Bohnen mit einem Kartoffelstampfer zerdrücken, dabei etwa ein Drittel der Bohnen ganz lassen. Die Zwiebel und den Knoblauch schälen, fein hacken, in einer Pfanne in Öl anschwitzen und zusammen mit den restlichen Zutaten unter die Bohnenmasse heben.

Für den Belag die Tomaten waschen und in Scheiben schneiden, die Jalapeños ebenfalls. Die Petersilienblätter waschen und hacken.

Die Hände anfeuchten, Patties formen und bei mittlerer Hitze in etwas Öl knusprig anbraten.

Die Buns teilen, in einer Grillpfanne anrösten und mit der Guacamole bestreichen. Die Tomatenscheiben auf die Guacamole setzen, je einen Patty auflegen und mit den karamellisierten Zwiebeln, Jalapeños, Petersilie sowie den Tortilla-Chips belegen. Die Oberhälften auflegen und direkt servieren.

MEIN TIPP
Die Guacamole bleibt länger frisch, wenn man den Kern der Avocado zur Masse gibt.

SWEET MORNING

Mandel-Kokos-Bananen-Patty / Obst / Kokoschips

 2 Burger   20 Min.   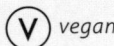 vegan

PATTY
50 g Buchweizen,
ganze Körner
½ Apfel
1 Banane
2 EL gemahlene
Mandeln
1 TL Zimt
1 EL Kokos- oder
Buchweizenmehl
50 g gestiftelte
Mandeln
Kokosöl

BUN
Vollkorn (S. 18)

TOPPING
Ahornsirup

BELAG
4 EL Sojajoghurt
2 Handvoll frische
Beeren
1 Handvoll Kokoschips

Der perfekte Start in den Tag gelingt mit dieser süßen Leckerei ganz bestimmt. Durch den Buchweizen und die vollwertigen Zutaten ist der Burger gesund und sehr sättigend. Für den Belag könnt ihr je nach Lust und Laune auch anderes Obst verwenden. Buchweizen und Kokosmehl gibt es in den meisten Bio-Läden.

ZUBEREITUNG
Den Buchweizen waschen, in der doppelten Menge Wasser aufkochen und bei geringer Hitze köcheln lassen, bis das Wasser verdampft ist. Den Apfel waschen und reiben, die Banane schälen und zerdrücken. Beides zusammen mit dem Buchweizen, gemahlenen Mandeln und Zimt zu einem Teig verarbeiten. Mit etwa 1 EL Mehl, je nach Feuchtigkeit der Masse abbinden. Ist die Masse zu trocken, könnt ihr etwas mehr geriebenen Apfel hinzugeben.

Die Hände anfeuchten, Patties formen, dann die gestiftelten Mandeln hineindrücken. In einer Pfanne bei mittlerer Hitze mit etwas Kokosöl goldbraun anbraten.

Die Buns teilen, toasten und mit Sojajoghurt bestreichen. Mit je einem Patty, frischem Obst sowie Kokoschips belegen. Mit Ahornsirup toppen, die Oberhälften auflegen und direkt servieren.

VARIANTE
Auch mit einem Toastbrötchen schmeckt dieser Burger sehr lecker.

YAKUZA BURGER

Sojabohnen-Reis-Patty / Nori-Algen / Sesam-Mayo / Sesam-Tofu-Würfel

🍴 6 Burger 🕐 90 Min. Ⓥ vegan

PATTY
100 g Sojabohnen
1 l Wasser, lauwarm
1 l Gemüsebrühe
250 g Sushi-Reis
300 ml Wasser
3 EL Sushi-Essig
1 Zwiebel
2 Knoblauchzehen
Pflanzenöl
3 Möhren
6 EL Sojasauce
Chilipulver

BUN
Classic (S. 16)

SAUCE
Sesam-Mayo (S. 110)

BELAG
200 g frischer Tofu, fest
100 ml Sojasauce
Pflanzenöl
1 EL Agavendicksaft
2 EL Sesam, geröstet
200 g Shimeji- oder Shiitake-Pilze
1 Bund Schnittlauch
1 Bund Lauchzwiebeln
½ Salatgurke
2 große Nori-Blätter

90 Min. Zubereitung
+ 12 Std. Einweichzeit
+ 1 ½ Std. Kochzeit

Dass Japaner, auch ernährungsbedingt, weltweit das höchste Durchschnittsalter erreichen, ist kein Geheimnis mehr. Auch wenn dieser Burger vielleicht nicht euer Leben verlängert, enthält er trotzdem viele gesunde Zutaten, die in der traditionellen japanischen Küche ihre Verwendung finden.

ZUBEREITUNG

Für den Patty die Sojabohnen in das lauwarme Wasser geben und für 12 Stunden einweichen. Danach die Bohnen für 1 ½ Stunden in der Gemüsebrühe weich kochen. Für den Belag den Tofu in kleine Würfel schneiden und für 1 Stunde in Sojasauce marinieren. Dann in einer Pfanne mit etwas Öl anbraten, mit dem Agavendicksaft mischen und mit Sesam bestreuen.

Für den Patty den Sushi-Reis waschen und in den 300 ml Wasser für 2 Minuten aufkochen. Bei geringer Hitze für 8–10 Minuten abgedeckt köcheln lassen, bis das Wasser verdampft ist, dabei gelegentlich umrühren. Den Sushi-Essig unter den Reis heben. Ein Küchentuch zwischen den Deckel und den Topf klemmen und den Reis für etwa 15 Minuten abkühlen lassen.

Die gekochten Bohnen abgießen und in eine tiefe Schüssel mit frischem Wasser geben, die Bohnen durchkneten und die Schalen mit einem Schaumlöffel abschöpfen. Die Bohnen abgießen, pürieren und bei sehr geringer Hitze und unter Rühren die restliche Flüssigkeit verdampfen lassen. Die Zwiebel und den Knoblauch schälen, fein hacken und in etwas Öl glasig andünsten. Die Möhren schälen und in einem Mixer zerkleinern. Mit den restlichen Zutaten für den Patty zu einer Masse vermengen und kräftig mit den Gewürzen abschmecken.

Pilze putzen, klein schneiden, anbraten. Schnittlauch, Lauchzwiebeln und Gurke waschen, gegebenenfalls putzen und in Röllchen und Scheiben schneiden. Die Nori-Blätter in mundgerechte Stücke schneiden. Die Hände anfeuchten, Patties formen und bei mittlerer Hitze in etwas Öl knusprig anbraten.

Die Buns teilen, in einer Grillpfanne anrösten und mit der Mayo bestreichen. Die Gurkenscheiben und Nori-Blätter auf den Buns verteilen, darauf jeweils einen Patty legen. Eine weitere Schicht Mayo aufstreichen und mit den restlichen Zutaten fertigstellen. Die Oberhälften auflegen und direkt servieren.

DER FRITZ

Sauerkraut-Tofu-Patty / Senfsauce / Kartoffelstampf / karamellisierte Zwiebeln

 6 Burger   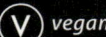 60 Min.   (V) vegan

PATTY
1 Zwiebel
Pflanzenöl
200 g frischer Tofu,
fest
200 g Sauerkraut
70 g Mehl
3 TL Senf
3 TL Kümmel
Salz, Pfeffer

BUN
Potato (S. 20)

SAUCE
2 ½ EL Sojabutter
1 ½ EL Mehl
100 ml Hafersahne
125 ml Gemüsebrühe
2 EL Senf
Salz, Pfeffer

BELAG
3 rote Zwiebeln
2 EL Balsamico
2 EL Pflanzenöl
2 EL Agavendicksaft
300 g Kartoffeln,
mehligkochend
2 EL Sojabutter
Salz, Pfeffer
200 g Sauerkraut
2 TL Kümmel

Der Fritz erfüllt wohl alle Klischees der deutschen Küche, aber genau deshalb schmeckt er auch so gut. Anstelle der Senfsauce passt hier übrigens auch sehr gut die Rotwein-Pfeffer-Sauce vom Pilz-Maronen-Burger (S. 44).

ZUBEREITUNG
Für die karamellisierten Zwiebeln im Belag die Zwiebeln schälen, achteln und „entschichten". In einer Schüssel mit Balsamico, Öl und Agavendicksaft vermengen und auf ein Backblech geben. Für 35–45 Minuten bei 160°C Umluft (180°C Ober- und Unterhitze) auf der mittleren Schiene backen, nach der Hälfte der Zeit wenden.

Für den Belag die Kartoffeln schälen, in kleine Würfel schneiden und in Salzwasser weich garen. Das Wasser abgießen und die Kartoffeln zerstampfen (bitte nicht im Mixer zerkleinern, die Masse wird sonst zu klebrig). Mit Sojabutter verfeinern und mit Salz und Pfeffer abschmecken.

Für die Sauce die Butter in einem Topf erhitzen, das Mehl klumpenfrei einrühren und anschwitzen. Die restlichen Zutaten hinzugeben und unter Rühren aufkochen lassen. Mit Salz und Pfeffer abschmecken.

Für die Patties die Zwiebel schälen, fein würfeln und in etwas Öl anschwitzen. Den Tofu zwischen den Händen zerreiben und für 3–4 Minuten mit den Zwiebeln anbraten. Das Sauerkraut grob auspressen, fein hacken und mit den restlichen Zutaten zum Tofu geben. Die Masse zu einem Teig vermengen. Mit Salz und Pfeffer abschmecken.

Die Hände anfeuchten, Patties formen und bei mittlerer Hitze in etwas Öl knusprig anbraten.

Die Buns teilen, in einer Grillpfanne anrösten und mit der Sauce bestreichen. Darauf eine Lage Kartoffelstampf geben und je einen Patty auflegen. Darauf frisches Sauerkraut und eine weitere Schicht Sauce geben. Mit karamellisierten Zwiebeln und Kümmel abschließen. Die Oberhälften auflegen und direkt servieren.

TEMPEH-BURGER

Blumenkohl-Tempeh-Patty / Erdnuss-Ingwer-Sauce / Mangold

 6 Burger 45 Min.  vegan

PATTY
300 g Blumenkohl
200 g Tempeh
Pflanzenöl
1 kleine Zwiebel
1 Knoblauchzehe
50 g Erdnüsse
2 Handvoll Petersilien-
blätter
3 EL Semmelbrösel
Salz, Pfeffer

BUN
Classic (S. 16)

SAUCE
1 gelbe Zwiebel
Pflanzenöl
4 EL Sojasauce
250 ml Wasser
4 EL Erdnussmus
3 EL Zitronensaft
Salz
1 daumengroßes
Stück Ingwer

BELAG
6 Blätter Mangold
2 Handvoll Erdnüsse
2 Handvoll Mungo-
bohnenkeimlinge
Saft von 1 Limette

Tempeh stammt ursprünglich aus Indonesien und ist ein traditionelles Produkt aus fermentierten Sojabohnen. Die Bohnen werden mit einem speziellen Pilz beimpft und bekommen so einen leicht nussigen Geschmack und eine schnittfeste Struktur. Die Mangold-Saison geht von Mai bis Oktober.

ZUBEREITUNG

Für den Patty den Blumenkohl in kleine Röschen teilen, waschen und für 5 Minuten in Salzwasser kochen. Währenddessen das Tempeh in Würfel schneiden und mit etwas Öl in einer Pfanne anrösten. Die Zwiebel und den Knoblauch schälen, fein hacken kurz mit anschwitzen.

Den gegarten Blumenkohl abgießen und ein Drittel der Masse für den Belag beiseitestellen. Den restlichen Blumenkohl sowie das Tempeh kurz abkühlen lassen und mit den übrigen Zutaten im Mixer zerkleinern. Mit Salz und Pfeffer abschmecken. Die Masse für mindestens 15 Minuten in den Kühlschrank stellen.

Währenddessen für die Erdnusssauce die Zwiebel schälen, fein würfeln und bei mittlerer Hitze in Öl anschwitzen. Mit der Sojasauce ablöschen, etwas einkochen lassen und dann das Wasser, das Erdnussmus und den Zitronensaft unterrühren. Auf die gewünschte Konsistenz einköcheln lassen. Mit Salz und Ingwer abschmecken.

Für den Belag den Mangold waschen, blanchieren und in mundgerechte Stücke schneiden. Die Erdnüsse trocken in einer Pfanne anrösten.

Die Hände anfeuchten, Patties formen und bei mittlerer Hitze in etwas Öl knusprig anbraten.

Die Buns teilen, in einer Grillpfanne anrösten und mit der Sauce bestreichen. Mit Mangoldblättern belegen und je einen Patty auflegen. Mit einer weiteren Schicht Sauce, Mungobohnenkeimlingen, Erdnüssen und den restlichen Zutaten fertigstellen. Zum Schluss mit ein paar Limettenspritzern verfeinern. Die Oberhälften auflegen und direkt servieren.

KISS OF HAIFA

Falafel-Patty / Joghurt-Tahini-Sauce / frische Kräuter

 6 Burger   40 Min.   vegan

PATTY
200 g getrocknete
Kichererbsen
2 Knoblauchzehen
1 rote Zwiebel
Sonnenblumenöl
4 EL Mehl
Salz, Pfeffer
2 TL Kreuzkümmel
2 TL Paprikapulver, süß
je 1 Handvoll Korian-
der-, Petersilien- und
Minzblätter
2 EL Sesam, geröstet
Zitronensaft

BUN
Classic (S. 16)

SAUCE
1 Knoblauchzehe
150 g Sojajoghurt
1 EL Tahini, 3 EL Olivenöl
3 EL Limettensaft

BELAG
250 g Kirschtomaten
½ Salatgurke
je 2 Handvoll Petersili-
en-/Korianderblätter
1 Handvoll Minzblätter
2 Lauchzwiebeln
1 EL schwarzer Sesam

*40 Min. Zubereitung
+ 24 Std. Einweichzeit
+ 1 ½ Std. Kochzeit*

Der genaue Ursprung der Falafel ist nicht bekannt. Es wird vermutet, dass die Falafel entweder aus Ägypten, Palästina oder dem Libanon stammt. In den 80er-Jahren sind die frittierten Bällchen auch in Deutschland angekommen. Und was als Bällchen schmeckt, kann als Burger ja nur besser werden.

ZUBEREITUNG
Die Kichererbsen für 24 Stunden in reichlich Wasser einweichen.

Für die Patties das Wasser der eingeweichten Kichererbsen abgießen, sie gründlich abspülen, mit frischem Wasser aufsetzen und in einem großen Topf mit 1 TL Salz für 1 ½ Stunden köcheln lassen.

Währenddessen für die Joghurt-Tahini-Sauce den Knoblauch schälen, fein hacken und in eine Schale geben. Zusammen mit den restlichen Zutaten gut vermischen. Mit Salz und Pfeffer abschmecken.

Für den Belag die Tomaten fein würfeln, die Gurke in Scheiben schneiden und die Kräuter grob hacken. Die Lauchzwiebeln putzen, waschen und in Ringe schneiden.

Für die Patties den Knoblauch und die Zwiebel schälen, fein hacken und in einer Pfanne mit etwas Öl anschwitzen. Die Kichererbsen abgießen und zusammen mit den anderen Zutaten im Mixer zerkleinern. Gegebenenfalls mit weiteren 2–3 EL Sonnenblumenöl und etwas Mehl zu einer Masse binden. Mit Salz, Pfeffer sowie den anderen Gewürzen kräftig abschmecken.

Die Hände anfeuchten, Patties formen und bei mittlerer Hitze in reichlich Pflanzenöl knusprig anbraten.

Die Buns teilen, in einer Grillpfanne anrösten und mit der Sauce bestreichen. Tomaten, Gurkenscheiben und Lauchzwiebeln auflegen, darauf je einen Patty setzen. Mit Sauce bestreichen und zusätzlich mit Sesam und frischen Kräutern fertigstellen. Die Oberhälften auflegen und direkt servieren.

DAZU PASST:
Ein orientalischer Bulgur-Salat (S. 94).

SUSHI SLIDER

Reis-Sesam-Bun / knackiges Gemüse / Miso-Mayo

 10 Burger   60 Min.   vegan

REIS-BUN
250 g Sushi-Reis
300 ml Wasser
3 EL Sushi-Essig
70 g Sesam, geröstet

SAUCE
Miso-Mayo (S. 110)

BELAG
2 Nori-Blätter
1 Möhre
1 Avocado
1 EL Zitronensaft
100 g Zuckerschoten
50 ml Sojasauce

Geschmacklich eindeutig Sushi, vom Aussehen eindeutig ein Burger. Für alle Sushi-Liebhaber gibt es hier die ultimative Variante als kleine Sushi Slider. Perfekt als Vorspeise, für Partys oder als Snack.

ZUBEREITUNG
Für den Reis-Bun den Sushi-Reis waschen und mit dem Wasser für 2 Minuten aufkochen. Bei geringer Hitze für 8–10 Minuten abgedeckt köcheln lassen, dabei gelegentlich umrühren. Den Sushi-Essig unter den Reis heben. Dann ein Küchentuch zwischen den Deckel und den Topf klemmen und für etwa 15 Minuten abkühlen lassen.

In der Zwischenzeit für den Belag die Avocado teilen, entkernen und in feine Streifen schneiden, die Möhre schälen und ebenfalls in feine Streifen schneiden. Die Gemüsestreifen mit etwas Zitronensaft beträufeln. Die Zuckerschoten ebenfalls in dünne Streifen schneiden und in Sojasauce einlegen.

Ein armlanges Stück Frischhaltefolie auf einer Arbeitsfläche auslegen und etwa 2 cm dick mit dem Reis belegen. Dann mit einem zweiten Stück Folie abdecken und mithilfe eines Schneidebretts möglichst stark komprimieren.

Die obere Folie abnehmen und mit einem ebenfalls mit Folie eingeschlagenen Flaschendeckel (etwa 5 cm Durchmesser) den Reis zu 20 Buns ausstanzen. Den überstehenden Reis vorsichtig mit einem Messer entfernen und die runden Reis-Buns vorsichtig auf einen Teller legen. Von allen Seiten mit Sesam bestreuen. Den überstehenden Sesam abstreifen und die Reis-Buns umdrehen.

Die Reis-Buns mit der Miso-Mayo bestreichen, die Nori-Blätter in 1–2 cm große Stücke reißen und beide Seiten damit belegen. Mit dem Gemüse belegen, mit einem weiteren Reis-Bun als Deckel verschließen und mit Zahnstochern fixieren.

DAZU PASST
Sojasauce und ein japanischer Sunomono-Salat (S. 102).

PORTOBELLO-BURGER

Gegrillte Portobellos / Pesto Rosso / Walnüsse

 6 Burger   30 Min.   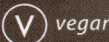 vegan

PATTY
6 Portobello-Pilze
Olivenöl
Salz, Pfeffer

BUN
Ciabatta (S. 22)

SAUCE
Pesto Rosso (S. 120)

BELAG
50 g Walnüsse
250 g Kirschtomaten
1 Knoblauchzehe
6 Blätter Salat

Portobellos, auch Riesenchampignons genannt, eignen sich perfekt für die Zubereitung auf dem Grill. Wenn ihr keine echten Portobellos bekommt, könnt ihr auch große braune Champignons nehmen.

ZUBEREITUNG
Für den Belag die Walnüsse in einer Pfanne ohne zusätzliches Öl anrösten. Die Kirschtomaten waschen und hacken.

Für die Patties die Pilze putzen und die Stiele entfernen. Die Pilze mit etwas Öl einstreichen, salzen, pfeffern und in der Grillpfanne anbraten. Dabei aufpassen, dass sie nicht anbrennen.

Die Ciabattas teilen, in einer Grillpfanne anrösten und mit einer halbierten Knoblauchzehe abreiben. Mit Pesto bestreichen und mit Salatblättern, gehackten Tomaten und Pilzscheiben belegen. Eine Schicht Pesto aufstreichen und mit den Nüssen garnieren. Die Oberhälften auflegen und direkt servieren.

MEIN TIPP
Gemüsehändler auf Märkten können spezielle Lebensmittel, zum Beispiel Portobellos, auch vorbestellen. Fragt einfach mal nach.

VARIANTE
Als vegetarische Variante könnt ihr den Bun zusätzlich noch mit Ziegenfrischkäse bestreichen.

CHRISTMAS TIME

Bratapfel-Zimt-Patty / Gebrannte Mandeln / Vanillesauce

6 Burger   60 Min.   vegan

PATTY
5 große Äpfel
75 g Rosinen
75 g Mandeln
2 El Agavendicksaft
1 ½ TL Zimt
Saft von 2 Orangen
100 g Haferflocken

BUN
Brioche (S. 26)

SAUCE
1 Vanilleschote
500 ml Sojamilch
1 Pck. Vanillezucker
2 EL Speisestärke
6 EL Wasser

BELAG
200 g Rohrohrzucker
120 ml Wasser
1 Pck. Vanillezucker
1 TL Zimt
200 g ganze Mandeln

Puderzucker
Zimt

*60 Min. Zubereitung
+ 30 Min. Abkühlzeit*

Ob Mandeln, Zimt, Orange oder Vanille: Hier ist alles enthalten, was man braucht, um so richtig in Weihnachtsstimmung zu kommen. Zusammen mit einem weichen Brioche-Bun wird daraus ein wahrer Festtagsschmaus.

ZUBEREITUNG
Den Backofen auf 160°C Umluft (180°C Ober- und Unterhitze) vorheizen. Die Äpfel waschen und das Kerngehäuse herausstechen. Rosinen, Mandeln und Agavendicksaft vermengen. Mit Zimt würzen. Die Masse in die Äpfel füllen und diese in eine Auflaufform setzen. Mit dem Saft von zwei Orangen übergießen und für 25 Minuten in den Backofen geben.

In der Zwischenzeit für die gebrannten Mandeln Rohrohrzucker, Wasser, Vanillezucker und Zimt in einer Pfanne zum Kochen bringen, die Mandeln zugeben und unter Rühren weiterkochen, bis das Wasser verdampft ist und der Zucker trocken wird. Die Temperatur auf mittlere Hitze reduzieren und so lange rühren, bis die Mandeln anfangen zu glänzen. Die Mandeln auf Backpapier geben, gleichmäßig verteilen und auskühlen lassen.

Für die Vanillesauce das Mark der Vanilleschote herauskratzen und zusammen mit Sojamilch, Vanillezucker und der leeren Schote in einem Topf unter ständigem Rühren aufkochen. Die Stärke in etwas Wasser auflösen und unterrühren. Die Mischung durch ein feines Sieb streichen und beiseitestellen.

Drei der Bratäpfel aus dem Ofen nehmen, den Rest warm halten. Die Äpfel im Mixer grob zerkleinern. Die Masse für etwa 30 Minuten im Kühlschrank abkühlen lassen, anschließend mit Haferflocken abbinden. Die Hände anfeuchten, Patties formen und bei mittlerer Hitze in etwas Öl knusprig anbraten.

Die Buns teilen, in einer Grillpfanne anrösten, mit der Sauce bestreichen. Je einen Patty darauf platzieren. Die restlichen beiden Äpfel als Belag in Scheiben schneiden, auf den Patty legen. Mit dem Inhalt der Bratäpfel und den gebrannten Mandeln toppen, Vanillesauce darübergießen und mit Puderzucker und Zimt bestäuben. Die Oberhälften auflegen und servieren.

SALATE

BULGUR-SALAT

 6 Port.  25 Min.

ZUTATEN

200 g Bulgur
300 ml Wasser,
kochend
2 EL Pinienkerne
½ rote Zwiebel
1 Knoblauchzehe
50 ml Olivenöl, plus
etwas zusätzlich zum
Anbraten
2 EL Balsamico
½ gelbe Paprika
½ rote Paprika
150 g Kirschtomaten
¼ Salatgurke
2 Handvoll
Petersilienblätter
100 g Schafskäse
Saft und Abrieb von
1 Bio-Zitrone
1 TL Kreuzkümmel
1 TL Kümmel
1 TL Koriander
Salz, Pfeffer

Ein wunderbarer Salat, der sehr gut zu sommerlichen Burgern passt. Die Gewürze verströmen einen Duft, der einen direkt in den Orient versetzt. Verwendet frisches, knackiges Gemüse und ein hochwertiges Olivenöl.

ZUBEREITUNG

Den Bulgur in eine Schüssel geben und mit dem kochenden Wasser aufgießen, dann für 20 Minuten ziehen lassen. In der Zwischenzeit die Pinienkerne in einer Pfanne ohne Öl anrösten und beiseitestellen.

Die Zwiebel und den Knoblauch schälen und fein hacken, dann in etwas Öl glasig anschwitzen und mit dem Balsamico ablöschen. Das Gemüse waschen und in kleine Stücke schneiden. Die Petersilie fein hacken. Den Schafskäse zerkrümeln. Alles mischen. Die Hälfte davon unter den Bulgur rühren, dann 50 ml Olivenöl und Zitronensaft untermengen.

Den Salat kräftig mit den Gewürzen abschmecken, in einer Schüssel anrichten und mit dem restlichen Gemüse, Kräutern und Schafskäse bestreuen. Mit den Pinienkernen sowie dem Zitronenabrieb toppen.

DAZU PASST

Der Kiss of Haifa Burger (S. 84)

PANZANELLA

 6 Port.  20 Min.  vegan

ZUTATEN
800 g Tomaten
Salz, Pfeffer
2 Knoblauchzehen
300 g Ciabatta,
altbacken
Olivenöl
2 EL Rotweinessig
2 Handvoll Basilikum

*Panzanella – ein toskanischer Brotsalat – braucht nur wenige Zutaten.
Das Ciabatta sollte mindestens 1 Tag alt sein, das Olivenöl von sehr guter
Qualität. Bei den Tomaten kann man auf eine bunte Mischung zurückgreifen.*

ZUBEREITUNG
Die Tomaten waschen, würfeln und salzen. In einer Schüssel durchmengen,
sodass sich die Kerne lösen und die Flüssigkeit herauskommt. In einem Sieb
für 10 Minuten abtropfen lassen.

Währenddessen das Ciabatta in etwa 1 cm große Würfel schneiden oder reißen
und bei mittlerer Hitze mit viel Olivenöl langsam knusprig anbraten. Sobald
sich das Ciabatta mit Olivenöl vollgesaugt hat, etwas Öl nachgießen. Den
Knoblauch schälen, fein hacken und kurz mit anschwitzen. Beiseitestellen
und 5 Minuten abkühlen lassen.

Die Ciabattawürfel und die Tomaten mit dem Rotweinessig vermengen, dann
mit Salz und Pfeffer abschmecken. Den Salat mit frischem Basilikum garnieren
und direkt servieren, damit das Ciabatta knusprig bleibt.

SOMMERSALAT

 6 Port.    30 Min.    vegan

ZUTATEN

750 g grüner Spargel
Sonnenblumenöl
1 EL Agavendicksaft
50 ml Wasser
300 g Erdbeeren
60 ml Balsamico
1 EL Zitronensaft
2 EL Pinienkerne
75 g Rucola
Salz
weißer Pfeffer

Dass Erdbeeren und Spargel zur gleichen Zeit Saison haben, hat einen Grund; sie harmonieren geschmacklich super. Der Salat passt übrigens sehr gut zum sommerlichen Halloumi-Burger (S. 34).

ZUBEREITUNG

Den grünen Spargel waschen, das untere Drittel schälen und die Enden abschneiden. Den Spargel in kleine Stücke schneiden und in etwas Sonnenblumenöl anschwitzen. Agavendicksaft hinzugeben, karamellisieren lassen und mit dem Wasser ablöschen.

Währenddessen die Erdbeeren waschen, putzen und vierteln. Mit Balsamico, Sonnenblumenöl und Zitronensaft vermengen, dann in eine Schüssel geben. Den Spargel aus der Pfanne nehmen, etwas abkühlen lassen und mit den marinierten Erdbeeren vermengen.

Die Pinienkerne ohne Öl in einer Pfanne bei mittlerer Hitze anrösten. Den Rucola waschen und verlesen. Beides unter die Erdbeer-Spargel-Mischung heben und mit Salz und weißem Pfeffer abschmecken.

CLASSIC COLESLAW

 6 Port.  20 Min.  vegan

ZUTATEN

300 g Rotkohl
300 g Weißkohl
Salz
150 g Möhren
4–6 EL Mayonnaise
(S. 110)
1 EL Senf
1 EL Zitronensaft
1 Prise Rohrohrzucker

**20 Min. Zubereitung
+ 1–2 Std. Ruhezeit**

Coleslaw gehört, neben Fritten, zu den klassischen Beilagen eines Burgers. Hier als einfaches Grundrezept, das trotzdem unglaublich lecker ist. Achtet auf besonders frischen und knackigen Kohl.

ZUBEREITUNG

Den Kohl halbieren, entstrunken und mit einem großen Messer in sehr feine Streifen schneiden. Mit Salz würzen und gut durchkneten. Die Möhren schälen und fein raspeln.

Zusammen mit 4–6 EL Mayonnaise, dem Senf, Zitronensaft und einer Prise Zucker vermengen und für mindestens 1–2 Stunden im Kühlschrank durchziehen lassen. Mit Salz abschmecken.

VARIANTE

Wer mag, gibt noch frische Kräuter oder Nüsse zum Coleslaw.

SUNOMONO-SALAT

 6 Port.   15 Min.    vegan

ZUTATEN
1 Salatgurke
Salz
6 g Wakame-Algen
Sojasauce
Sesam, geröstet

Sunomono ist ein japanischer Gurkensalat mit Wakame-Algen, einer Braunalge, die vor den Küsten Japans gedeiht und bei uns nur getrocknet erhältlich ist. Beim Einweichen entfalten sich ihre transparenten grünen Blätter.

ZUBEREITUNG
Die Gurke waschen, in hauchdünne Scheiben schneiden und leicht salzen. Für 10 Minuten ruhen lassen, anschließend das Wasser herauspressen. Die Algen für 5 Minuten in Wasser einweichen, gut abspülen und ebenfalls das Wasser herauspressen.

Beides in einer Schale mischen und mit Sojasauce und geröstetem Sesam servieren.

INFO
Aufgrund des hohen Jodgehaltes solltest du nicht mehr als 1 g Wakame pro Tag verzehren. Da die Algen sich nach dem Einweichen entfalten, reicht die Menge für den Salat vollkommen aus.

DAZU PASST
Sushi Slider (S. 86).

KOREAN KIMCHI

 6 Port.    30 Min.    vegan

ZUTATEN
½ Chinakohl
2 TL feines Meersalz
1 EL Agavendicksaft
50 g Rettich
50 g Möhren
1 Stange Lauch
2 Knoblauchzehen
1 daumengroßes Stück
Ingwer
1 ½ TL Chiliflocken
(Koreanisches
Gochugaru)
1 EL helle Sojasauce

**30 Min. Zubereitung
+ 2–7 Tage Ruhezeit**

Kimchi ist das koreanische Pendant zum Sauerkraut. Es wird für 2–7 Tage eingelegt und bekommt durch Fermentation seinen einzigartigen Geschmack. Traditionell wird das Kimchi mit Fischsauce gewürzt, hier wird stattdessen eine milde Sojasauce verwendet.

ZUBEREITUNG
Den Chinakohl längs halbieren und in etwa 3 cm breite Streifen schneiden. Blatt für Blatt gründlich mit Meersalz und Agavendicksaft einreiben. Den Kohl in einen geschlossenen Behälter geben und im Kühlschrank für mindestens 2 Tage fermentieren lassen.

Nach der Ruhezeit den Rettich und die Möhre schälen und in feine Stifte schneiden. Den Lauch in feine Ringe schneiden und waschen.

Den Knoblauch und den Ingwer schälen, fein reiben und zusammen mit den Chiliflocken in einem Mörser zu einer feinen Paste zerstoßen.

Den Kohl mit der Paste, Sojasauce und dem geschnitten Gemüse vermengen. Den Kimchi servieren oder für einen noch intensiveren Geschmack wieder in den Kühlschrank geben und für einige Tage weiter fermentieren lassen.

MEIN TIPP
Als puristische Variante könnt ihr Rettich, Möhren und Lauch weglassen.

POWERSALAT

 6 Port.    35 Min.    vegan

ZUTATEN

500 g Süßkartoffeln
5 EL Olivenöl
Salz, Pfeffer
1 Granatapfel
1 Avocado
1 Orange
Saft von ½ Limette
1 TL geriebener
Ingwer
½ TL Agavendicksaft
je 100 g Babyspinat
und Babygrünkohl
1 Handvoll Sprossen
je 1 rote und gelbe
Peperoni
2 EL Kürbiskerne
1 EL Chiasamen

Hier ist der Name Programm. Der Powersalat gibt euch die geballte Ladung an Antioxidantien, gesunden Fetten, Mineralstoffen und Vitaminen. Der Geschmack bleibt dabei keinesfalls auf der Strecke, er bietet die gesamte Bandbreite, von warm bis kalt über sauer, scharf und fruchtig.

ZUBEREITUNG

Den Backofen auf 200 °C Ober- und Unterhitze vorheizen. Die Süßkartoffeln schälen, würfeln, mit 3 EL Olivenöl vermengen und mit Salz und Pfeffer abschmecken. Für 25 Minuten auf der mittleren Schiene backen. In der Zwischenzeit die Kerne aus dem Granatapfel lösen, die Avocado schälen, entkernen und würfeln. Die Orange schälen, filetieren und den Saft aus der Schale in eine kleine Schüssel pressen.

Für das Dressing den aufgefangen Orangensaft mit dem Limettensaft, geriebenem Ingwer, 2 EL Olivenöl und Agavendicksaft vermengen. Mit Salz und Pfeffer abschmecken.

Die inzwischen fertig gegarten Süßkartoffelwürfel aus dem Ofen nehmen und kurz abkühlen lassen. Babyspinat, Babygrünkohl und Sprossen waschen und mit Süßkartoffeln, Avocado, Granatapfel und Orangenfilets in einer großen Schüssel vermengen. Die Peperoni entkernen und in feine Ringe schneiden. Das Dressing zum Salat geben und anschließend mit Peperoni, Kürbiskernen und Chiasamen garnieren.

MEIN TIPP

Zum spritzfreien Entkernen des Granatapfels einfach ein Stück der Oberseite herausschneiden, den Granatapfel in eine große Schüssel mit Wasser halten und auseinanderbrechen. Die Kerne vom Grund entnehmen, die an der Oberfläche schwimmenden Trennhäute und Schalen entfernen.

SAUCEN & DIPS

MAYONNAISE
TOMATENKETCHUP
BBQ-SAUCE
CHUTNEY & RELISHES
DREI SORTEN DIPS
PESTO

MAYONNAISE

 6 Port.　 10 Min.　 vegan

VEGETARISCH
2 Eier
2 TL Senf
2 TL Zitronensaft
250 ml Sonnen-
blumenöl
Salz, weißer Pfeffer

VEGAN
100 ml Sojamilch
2 TL Senf
2 TL Zitronensaft
175 ml Sonnenblu-
menöl
Salz, weißer Pfeffer

Der Klassiker Mayonnaise in vielen leckeren Geschmacksrichtungen. Für die Varianten einfach die zusätzlichen Zutaten am Schluss unterrühren. Die Menge reicht für mindestens 6 Burger.

GRUNDREZEPT VEGETARISCH
Das Eigelb vom Eiweiß trennen. Das Eigelb zusammen mit dem Senf und Zitronensaft in einer großen Schüssel mit einem Schneebesen verquirlen. Tropfenweise das Öl hinzufügen und für etwa 1 Minute schlagen. Sobald die Masse dicker wird, langsam das restliche Öl hinzufügen und weiterschlagen, bis eine homogene Masse entstanden ist. Mit Salz und weißem Pfeffer abschmecken.

GRUNDREZEPT VEGAN
Die Sojamilch in einen hohen Mixbecher geben und mit dem Senf und Zitronensaft verrühren. Einen Pürierstab in den Mixbecher stellen und auf höchster Stufe laufend langsam das Öl hineingießen. Wenn das Öl eingegossen ist, den Pürierstab langsam nach oben ziehen, bis eine feste Masse entsteht. Mit Salz und weißem Pfeffer abschmecken.

VARIANTEN
Sesam-Mayo: + 2 EL gemörserter Sesam
Chili-Limetten-Mayo: + 2 fein gehackte kleine frische Chilis, 4 EL Limettensaft
Miso-Mayo: + 3 EL helle Misopaste
Meerrettich-Mayo: + 4 EL frisch geriebener Meerrettich

MEIN TIPP
Damit die Mayonnaise gelingt, müssen alle Zutaten die gleiche Temperatur haben. Deshalb solltet ihr sie rechtzeitig aus dem Kühlschrank nehmen.

TOMATENKETCHUP

 1 Glas    25 Min.   **V** vegan

ZUTATEN

1 kg reife Tomaten
200 g gelbe Zwiebeln
2 Knoblauchzehen
Sonnenblumenöl
3 EL Tomatenmark
80 g Rohrohrzucker
80 ml Weißweinessig
1 daumengroßes Stück
geriebener Ingwer
2 Zimtstangen
10 Pimentkörner
3 TL Salz

**25 Min. Zubereitung
+ 1–2 Std. Garzeit**

Hausgemachter Ketchup hat nicht viel mit dem zu tun, was die meisten unter Ketchup verstehen – er ist viel besser! Neben leckeren Gewürzen und weniger Zucker ist es der frische Geschmack, der das Selbstkochen lohnend macht.

ZUBEREITUNG

Die Tomaten waschen, den Strunk herausschneiden und das Fruchtfleisch in grobe Stücke schneiden. Die Zwiebeln und den Knoblauch schälen, hacken und mit etwas Öl in einer Pfanne glasig anschwitzen. Das Tomatenmark hinzugeben und anrösten. Den Zucker einrühren und bei mittlerer Hitze karamellisieren lassen. Mit Essig ablöschen und die Tomaten hineingeben. Zimtstangen und Pimentkörner in ein Gewürzsäckchen geben und zu den Tomaten setzen. Für etwa 1–2 Stunden einköcheln lassen.

Das Gewürzsäckchen entnehmen, die Masse durch ein Passiergerät oder feines Sieb streichen und direkt in heiß ausgespülte Flaschen oder Gläser abfüllen. Sofort verschließen und kühl und dunkel lagern.

INFO

Selbstgemachter Ketchup hat ungeöffnet ca. eine Haltbarkeit von etwa 6 Monaten, einmal geöffnet sollte er innerhalb von einigen Wochen verbraucht werden.

BBQ-SAUCE

 1 Glas    25 Min.   vegan

ZUTATEN

2 Schalotten
2 Knoblauchzehen
2 kleine Chilischoten
Pflanzenöl
2 Dosen ganze Tomaten
1 EL Senf
2 EL Rotweinessig
3 EL Worchestershire-
sauce
6 EL Zuckerrübensirup
2 TL Chilipulver
7 EL Liquid Smoke
(flüssiges Raucharoma)
Salz, Pfeffer

Im Ursprungsland der BBQ-Sauce, den USA, gibt es neben der uns bekannten Sauce, wie ihr sie hier seht, auch unzählige lokale Saucenkreationen. Bei den Zutaten wie Zuckerrübensirup, Liquid Smoke und den Chilis könnt ihr – je nach Geschmack – eure eigene Lieblingsmischung ausprobieren und von den Angaben etwas abweichen.

ZUBEREITUNG

Die Schalotten und den Knoblauch schälen und fein hacken. Die Chilischoten entkernen und ebenfalls fein hacken.

In einem Topf etwas Öl erhitzen und die Schalotten, Chilis und den Knoblauch darin anschwitzen. Die Tomaten hinzugeben und 15 Minuten köcheln lassen. Die Sauce pürieren und zum Schluss mit den restlichen Zutaten abschmecken.

MEIN TIPP

Der Zuckerrübensirup sorgt für eine dunklere Farbe, kann aber auch durch ein anderes Süßungsmittel ersetzt werden. Das Liquid Smoke bekommt ihr am besten im Internet oder in gut sortierten Grillfachgeschäften.

CHUTNEY & RELISHES

 je 1 Glas    30 Min.    vegan

MANGO-CHILI-CHUTNEY
Saft von 1 Limette
3 EL Weißweinessig
2 Mangos
1 rote Zwiebel
1 daumengroßes Stück Ingwer
3 EL Agavendicksaft
Salz, Pfeffer
1 getrocknete Chili-schote

TOMATEN-RELISH
1 kg Tomaten
2 rote Zwiebeln
2 Knoblauchzehen
1 Chilischote
Olivenöl
2 TL Agavendicksaft
1 EL Tomatenmark
50 ml Rotwein
1 EL Basilikum, gehackt
Salz, Pfeffer
2 EL Balsamico

FEIGEN-OLIVEN RELISH
300 g getrocknete Feigen
150 g schwarze Oliven
100 ml Wasser
100 ml Rotweinessig
50 g Rohrohrzucker

Der Unterschied zwischen Relish und Chutney liegt in den Zutaten. Ein Relish besteht vorwiegend aus Gemüse, ein Chutney aus Obst. Im Kühlschrank sind sie einige Monate haltbar – aber so lecker, wie sie sind, wette ich mit euch, dass ihr das Glas schon nach einigen Tagen geleert habt.

MANGO-CHILI-CHUTNEY
Den Saft der Limette zusammen mit dem Essig in einen Topf geben. Die Mangos schälen, entsteinen und das Fruchtfleisch in kleine Würfel schneiden. Die Zwiebel schälen und ebenfalls würfeln. Den Ingwer schälen und fein reiben. Den Agavendicksaft hinzugeben. Alle Zutaten für 15 Minuten aufkochen. Die Hälfte der Masse entnehmen, pürieren und mit den Stücken vermengen. Mit Salz, Pfeffer und kleingeschnittenen Chilis nach Bedarf abschmecken. Direkt in ausgekochte Gläser füllen und umgedreht auskühlen lassen.

TOMATEN-RELISH
Die Tomaten waschen, kreuzweise einritzen und mit heißem Wasser überbrühen. In kaltem Wasser abschrecken, die Haut abziehen und das Fruchtfleisch in kleine Stücke schneiden. Die Zwiebeln und den Knoblauch schälen und fein würfeln. Die Chilischote ebenfalls klein hacken.

Zwiebel, Knoblauch und Tomaten in etwas Öl anschwitzen, dann Agavendicksaft und Tomatenmark unterrühren und mit Rotwein ablöschen. Das Ganze für 15 Minuten köcheln lassen. Das Basilikum am Ende der Garzeit hinzugeben. Mit Salz und Pfeffer sowie Balsamico abschmecken. Direkt in ausgekochte Gläser füllen und umgedreht auskühlen lassen.

FEIGEN-OLIVEN RELISH
Die Feigen und Oliven fein würfeln und zusammen mit dem Wasser und den restlichen Zutaten in einem Topf bei mittlerer Hitze für etwa 15 Minuten köcheln lassen. Die Hälfte der Masse entnehmen, pürieren und mit den Stücken vermengen. Direkt in ausgekochte Gläser füllen und umgedreht auskühlen lassen.

DREI SORTEN DIPS

 je 1 Glas 15 Min.

GUACAMOLE
2 Avocados (essreif)
2 Knoblauchzehen
1 mittelgroße rote
Zwiebel
5 Tomaten (ca. 400 g)
1–2 Jalapeños
1 Handvoll Koriander
1 Handvoll Petersilie
Saft von 2 Limetten
Salz, Pfeffer

SOUR CREAM
1 Handvoll Schnittlauch
200 g Kräuterquark
200 g Crème fraîche
Salz, Pfeffer

ZAZIKI
½ Salatgurke
1 TL Salz, plus etwas
zusätzlich zum Ab-
schmecken
400 g griechischer
Joghurt
2 Knoblauchzehen
1–2 EL Olivenöl

Zu einer guten Beilage gehört ein leckerer Dip. Sour Cream und Zaziki passen zu fast allen Beilagen (ab S. 50), die Guacamole schmeckt nicht nur auf dem Texas-Burger (S. 74), sondern auch als Brotaufstrich.

GUACAMOLE
Die Avocados halbieren, den Kern entfernen und das Fruchtfleisch in eine Schüssel löffeln. Einen Kern zur Seite stellen. Die Avocados mit einer Gabel zerdrücken. Die Zwiebel und den Knoblauch schälen und fein hacken. Die Tomaten waschen, entkernen und klein schneiden. Die Jalapeños und Kräuter fein hacken, die Limetten entsaften. Alle Zutaten vermengen, mit Salz und Pfeffer abschmecken. Zur besseren Haltbarkeit den Avocadokern auf die Guacamole setzen.

SOUR CREAM
Den Schnittlauch fein hacken und mit Quark und Crème fraîche vermengen. Mit Salz und Pfeffer abschmecken.

ZAZIKI
Die Gurke waschen, entkernen, grob reiben, salzen und für 10 Minuten in einem Sieb entwässern lassen. Die Masse ausdrücken und unter den Joghurt rühren. Den Knoblauch schälen, fein hacken und zu dem Joghurt geben. Mit Olivenöl cremig rühren mit Salz abschmecken.

PESTO

 *je 1 Glas*   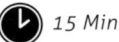 *15 Min.*    *vegan*

PESTO ROSSO
90 g getrocknete
Tomaten (in Öl)
25 g Pinienkerne,
geröstet
2 EL Basilikum, ge-
hackt
40 g Parmesan (für die
vegetarische Variante)
80 ml Olivenöl

PESTO ALLA GENOVESE
2 große Handvoll
Basilikumblätter
2 frische Knoblauch-
zehen
80 g Parmesan (für die
vegetarische Variante)
50 g Pinienkerne,
geröstet
100 ml Olivenöl

SALBEIPESTO
15 g Salbeiblätter
1 Knoblauchzehe
30 g Parmesan (für die
vegetarische Variante)
50 g Paranüsse
80 ml Olivenöl

Frisches Pesto ist einfach unvergleichlich lecker. Die traditionelle Methode im Mörser kostet etwas Kraft, lohnt sich aber. Gerade beim Pesto kommt es auf beste Zutaten an: Frischer Parmesan am Stück, bestes Olivenöl und frische Kräuter.

ZUBEREITUNG
Für die Pestovariationen alle festen Zutaten fein hacken, in einen großen Mörser geben und unter Zugabe des Olivenöls zerstoßen.

Solltet ihr eine größere Menge zubereiten, könnt ihr das Pesto in ausgekochte Gläser abfüllen, mit Olivenöl bedecken und für einige Wochen im Kühlschrank aufbewahren.

INFO
Die Zubereitung im Mörser ist sanfter als mit dem Mixer und verhindert die Entstehung von Bitterstoffen.

VARIANTE
Für die vegane Variante lasst ihr einfach den Käse weg.

GETRÄNKE

INGWER-EISTEE
ERDBEER-LIMONADE
BLACK ICED TEA
FRESH GARDEN
RHABARBER-LIMONADE
PFIRSICH-EISTEE
VANILLE-MILCHSHAKE
COLD BREW COFFEE

INGWER-EISTEE

 6 Gläser   10 Min.  vegan

ZUTATEN

1,2 l Wasser
60 g Ingwer, geschält
2 Bio-Zitronen
2 EL Agavendicksaft
Eiswürfel

10 Min. Zubereitung
+ 30 Min. Ziehzeit
+ Abkühlzeit

Trotz, oder gerade wegen der leichten Schärfe ist ein eiskalter Ingwer-Eistee genau richtig als Erfrischung. Ingwer ist das ganze Jahr verfügbar und hat neben entzündungshemmenden Eigenschaften auch eine cholesterinsenkende Wirkung – was will man mehr?

ZUBEREITUNG

Das Wasser zum Kochen bringen. Währenddessen den Ingwer schälen und in dünne Scheiben schneiden. 1 Zitrone auspressen, die andere für die Dekoration in Scheiben schneiden.

Den Zitronensaft zusammen mit dem Agavendicksaft und Ingwer zum Wasser geben. Den Eistee gut herunterkühlen.

Mit Eiswürfeln und Zitronenscheiben servieren.

MEIN TIPP

Zum schnellen Herunterkühlen das Spülbecken mit 2 kg Eis und kaltem Wasser füllen, den Topf mit dem Eistee hineinstellen und umrühren, bis er kalt ist.

ERDBEER-LIMONADE

 6 Gläser    30 Min.    vegan

ZUTATEN

500 g Erdbeeren
1 l Wasser
6 EL Agavendicksaft
3 Bio-Zitronen
Eiswürfel
6 Stängel Minze

**30 Min. Zubereitung
+ Abkühlzeit**

Erdbeeren mag wohl jeder – auch als Limonade ist der Geschmack einfach unschlagbar. Zusammen mit der Minze wird daraus das perfekte Getränk für warme Sommertage. In Deutschland geht die Erdbeer-Saison von Mai bis August.

ZUBEREITUNG

Die Erdbeeren waschen, entkelchen, halbieren und zusammen mit dem Wasser und dem Agavendicksaft aufkochen. Dann für 15 Minuten weiterköcheln lassen.

2 Zitronen auspressen, eine Zitrone für die Dekoration in Scheiben schneiden. Die Erdbeeren durch ein feines Sieb passieren, mit dem Zitronensaft vermengen und anschließend kalt stellen. Wenn ihr kein feines Sieb habt, könnt ihr die Limonade nach etwas Abkühlzeit auch durch ein Tuch abseihen.

Mit Eis, Zitronenscheiben und frischer Minze servieren.

MEIN TIPP

Nehmt süße und gut gereifte Erdbeeren, dann muss weniger nachgesüßt werden. Ihr erkennt die aromatischen Erdbeeren an einer tiefroten Farbe und dem Fehlen von hellen Rändern.

BLACK ICED TEA

 6 Gläser  10 Min.  vegan

ZUTATEN
4 Beutel Earl-Grey-Tee
200 ml Wasser,
kochend
1 großes Glas Eiswürfel
+ Eis zum Servieren
800 ml Wasser, kalt
2 Bio-Zitronen
4 EL Agavendicksaft

Der Black Iced Tea ist der beste Grund, immer genügend Eiswürfel im Gefrierschrank vorrätig zu haben. Im Handumdrehen könnt ihr einen leckeren Eistee aufbrühen, der zudem noch sehr günstig in der Herstellung ist.

ZUBEREITUNG
Die Teebeutel in eine Tasse geben, mit dem kochenden Wasser aufgießen und 3 Minuten ziehen lassen. Das Eis in eine Karaffe füllen, den Tee zugeben und mit dem kalten Wasser aufgießen.

1 Zitrone auspressen, die andere für die Dekoration in Scheiben schneiden. Den Saft der Zitrone hinzugeben und mit Agavendicksaft süßen.
Mit Zitronenscheiben und Eiswürfeln servieren.

INFO
Die kurze Ziehzeit und das schnelle Herunterkühlen ist wichtig, um einen besonders milden Geschmack zu erhalten.

FRESH GARDEN

 *6 Gläser*  *10 Min.*  *vegan*

ZUTATEN

1 Salatgurke
2 Handvoll Basilikum-
blätter
2 Limetten
1,2 l Wasser, kalt
6 EL Agavendicksaft
Eiswürfel

Wenn die Zeit in der Küche mal wieder knapp ist und die Gäste schon warten, ist der Fresh Garden ein leichter und erfrischender Drink, der schnell zubereitet ist. Wie bei allen Limonaden gilt: Je nach Geschmack kann man mehr oder weniger süßen, aber eines sollte sie sein, nämlich eiskalt.

ZUBEREITUNG

Drei Viertel der Gurke schälen und zusammen mit dem Basilikum in den Mixer geben. Die Limetten auspressen und zusammen mit dem Wasser ebenfalls dazugeben. Die Masse gut durchmixen.

Durch ein feines Sieb passieren und mit Agavendicksaft abschmecken. Den Rest der Gurke in feine Streifen schneiden und zur Dekoration zu der Limonade geben. Mit Eiswürfeln servieren.

VARIANTE

Für ein leichtes Infused Water (oder wenn ihr keinen Mixer habt), könnt ihr die Gurken und das Basilikum in dünne Scheiben, bzw. Stücke schneiden und zusammen mit den restlichen Zutaten für einige Stunden im Kühlschrank ziehen lassen.

RHABARBER-LIMONADE

 6 Gläser  30 Min.  vegan

ZUTATEN
300 g Erdbeeren
500 g roter Rhabarber
1 l Wasser
10 EL Agavendicksaft
Crushed Ice
6 Stängel Minze

**30 Min. Zubereitung
+ Abkühlzeit**

*Allein der Geruch bei der Zubereitung ist schon Grund genug, diese Limo-
nade zu lieben. Die Erdbeeren sorgen für die rote Farbe und passen
geschmacklich sehr gut zum Rhabarber.*

ZUBEREITUNG
Die Erdbeeren und den Rhabarber waschen, putzen und in kleine Stücke
schneiden. Etwas Rhabarber zum Dekorieren zur Seite stellen. Den Rest
zusammen mit dem Wasser und dem Agavendicksaft aufkochen und bei
geringer Hitze für 15 Minuten köcheln lassen.

Die Limonade durch ein feines Sieb passieren und kalt stellen. Wenn ihr
kein feines Sieb habt, könnt ihr die Limonade nach etwas Abkühlzeit
auch durch ein Tuch abseihen.

Mit Crushed Ice, Rhabarberstücken und Minze servieren.

INFO
Dünne Stangen sind milder im Geschmack, da sie früher geerntet wurden.
Je rötlicher der Rhabarber, desto süßer ist er. Die Saison geht von Anfang
April bis Ende Juni.

PFIRSICH-EISTEE

 6 Gläser    30 Min.    vegan

ZUTATEN
500 g Pfirsiche
1 l Wasser
6 EL Agavendicksaft
3 Beutel grüner Tee
1 Bio-Zitrone
Eiswürfel

**30 Min. Zubereitung
+ Abkühlzeit**

Hausgemacht und frei von künstlichen Geschmacks- und Aromastoffen kommt der Pfirsich-Eistee erst einmal dezent daher. Wenn man sich aber bewusst macht, dass so ein echter Pfirsich-Eistee schmeckt, überzeugt er auf ganzer Linie.

ZUBEREITUNG
Die Pfirsiche waschen, entsteinen, das Fruchtfleisch in Würfel schneiden, zusammen mit dem Wasser und Agavendicksaft in einen Topf geben und 15 Minuten köcheln lassen.

Den Topf vom Herd nehmen und den Inhalt auf 80°C abkühlen lassen. Den Tee hinzugeben und für 1 ½ Minuten ziehen lassen.

Die Flüssigkeit durch ein feines Sieb passieren und auf Trinktemperatur herunterkühlen. Die Zitrone in Scheiben schneiden.

Mit Zitronenscheiben und Eiswürfeln servieren.

INFO
Die Pfirsich-Saison beginnt im Mai mit spanischen und marokkanischen Importen, von Juni bis September ist das Angebot am größten. Die spätreifen Früchte sind aromatischer und besonders gut für den Eistee geeignet.

VANILLE-MILCHSHAKE

 *6 Gläser*  *5 Min.*

ZUTATEN
2 Vanilleschoten
600 g Vanilleeis
600 ml kalte Vollmilch

Der Vanille-Milchshake ist sehr schnell zubereitet. Damit er einen vollmundigen Geschmack bekommt, solltet ihr hochwertiges Eis und frische Vollmilch mit mindestens 3,5 % Fettanteil verarbeiten. Mit dem Vanillemark gebt ihr dem Shake noch den letzten Schliff.

ZUBEREITUNG
Die Vanilleschoten längs aufschneiden und das Mark mithilfe eines Messerrückens herauskratzen. Dieses zusammen mit den restlichen Zutaten in einen Mixer geben und zu einem Shake verarbeiten.

Am besten sofort servieren.

VARIANTE
Für einen Schokoladenshake müsst ihr nur das Vanilleeis durch Schokoladeneis ersetzen und statt der Vanilleschote zusätzlich noch 6 EL Kakaopulver hinzugeben.

COLD BREW COFFEE

 *6 Gläser*  *20 Min.*  *vegan*

COLD BREW COFFEE
140 g Espressobohnen
1,2 l Wasser, kalt
Agavendicksaft, nach
Bedarf
Eiswürfel

MANDELMILCH
1 Liter Wasser, kalt
200 g Mandeln
2 EL Agavendicksaft

***20 Min. Zubereitung
+ 12–48 Std. Ziehzeit***

*Der Cold Brew Coffee enthält durch die sanfte Zubereitung viel weniger Bitter-
stoffe und Säure als herkömmlicher Kaffee. Verwendet ausschließlich frische,
grob gemahlene Espressobohnen mit einem hohen Arabica-Anteil. Fertig
gemahlener Kaffee aus der Packung ist für die Zubereitung nicht geeignet.*

COLD BREW COFFEE
Die Espressobohnen in einer Kaffeemühle oder im Mixer grob zermahlen
(etwa so groß wie Semmelbrösel) und zusammen mit dem kalten Wasser in
einem großen Behälter für 12–48 Stunden bei Zimmertemperatur ziehen
lassen. 1 Stunde vor dem Servieren in den Kühlschrank stellen.

Den Kaffee durch einen Filter oder ein Tuch abseihen und nach Bedarf mit
Agavendicksaft süßen.

Vor dem Servieren einige Eiswürfel und Mandelmilch nach Belieben hinzufügen.

MANDELMILCH
Die Mandeln und das Wasser in einen Mixer geben und zerkleinern.
Die Flüssigkeit abseihen und mit Agavendicksaft süßen. Die Mandelmilch
kühl lagern und innerhalb von 4 Tagen aufbrauchen.

MEIN TIPP
Um den Cold Brew Coffee als Nachtisch zu servieren, kannst du ihn mit
Sahne und einer Karamellcreme toppen.

REZEPTREGISTER

ZUTATENREGISTER

DANKE

Es gibt viele Menschen, die im Großen und Kleinen geholfen haben, das Buch zu dem zu machen, was es ist. Mein größter Dank geht an meine Frau Anna, die mich unermüdlich beim Rezeptetesten, Schreiben und Probieren unterstützt hat. Du bist die Beste!

Danke an Prof. Jörg Winde, der mich zur Food-Fotografie gebracht hat, und an meine Kommilitonen und Dozenten der FH Dortmund, die mich in meiner Entwicklung als Fotograf unterstützt und das Buchkonzept in die richtige Richtung gelenkt haben!

Danke an den Verlag, der es mir ermöglicht hat, mein Projekt so kurzfristig und unkompliziert zu veröffentlichen!

Ein großes Dankeschön geht an meine Eltern Thomas und Bettina, die mich immer liebevoll unterstützen und mir mit Rat und Tat zur Seite stehen. Danke meiner gesamten Familie, allen Freunden, Arbeitskollegen und unbekannten Helfern, die fleißig Rezepte getestet und mir wertvolles Feedback gegeben haben.

Ich danke euch allen!

IMPRESSUM

Bibliografische Information der Deutschen Bibliothek.

Die Deutsche Bibliothek verzeichnet diese Publikation in der deutschen Nationalbibliografie. Detaillierte bibliografische Daten sind im Internet über http://www.d-nb.de/ abrufbar.

Alle in diesem Buch veröffentlichten Abbildungen sind urheberrechtlich geschützt und dürfen nur mit ausdrücklicher schriftlicher Genehmigung des Verlags gewerblich genutzt werden. Eine Vervielfältigung oder Verbreitung der Inhalte des Buchs ist untersagt und wird zivil- und strafrechtlich verfolgt. Das gilt insbesondere für Vervielfältigungen, Übersetzungen, Mikroverfilmungen und die Einspeicherung und Verarbeitung in elektronischen Systemen.

Die im Buch veröffentlichten Aussagen und Ratschläge wurden von Verfasser und Verlag sorgfältig erarbeitet und geprüft. Eine Garantie für das Gelingen kann jedoch nicht übernommen werden, ebenso ist die Haftung des Verfassers bzw. des Verlags und seiner Beauftragten für Personen-, Sach- und Vermögensschäden ausgeschlossen.

Bei der Verwendung im Unterricht ist auf dieses Buch hinzuweisen.

EIN BUCH DER EDITION MICHAEL FISCHER

1. Auflage 2016

© 2016 Edition Michael Fischer GmbH, Igling

Covergestaltung: Bernadett Linseisen
Redaktion und Lektorat: Julia Bauer, Berlin
Produktmanagement: Natascha Mössbauer
Layout, Satz und Fotos: Jonathan Häde

ISBN 978-3-86355-532-0

Printed in Slovakia

www.emf-verlag.de